Umschlagmotiv: Jeepneys – Lebensgefühl auf Rädern

Herausgeber: Polyglott-Redaktion
Autor: Albrecht G. Schaefer
Lektorat: Gudrun Beste
Art Direction: Illustration & Graphik Forster GmbH, Hamburg
Karten und Pläne: Thomas Willmann
Titeldesign-Konzept: V. Barl
Realisation: Studio Wolf Brannasky

Ergänzende Anregungen, für die wir jederzeit dankbar sind,
bitten wir zu richten an:
Polyglott-Verlag, Redaktion, Postfach 40 11 20, D-80711 München.

Zeichenerklärung

- Information
- Öffnungszeiten
- Telefonnummer
- Faxnummer
- Flugverbindungen
- Busverbindungen
- Eisenbahnverbindungen
- Schiffsverbindungen

- Hotel (pro DZ ohne Frühstück)
- $$$ ab 60 US-$
- $$ 20–60 US-$
- $ bis 20 US-$
- Restaurant
- $$$ 12–20 US-$
- $$ 8–12 US-$
- $ bis 8 US-$

Routenpläne

- Route mit Routenziffer
- Autobahn, Schnellstraße
- sonstige Straßen, Wege
- Staatsgrenze, Landesgrenze
- National-, Naturparksgrenze

Stadtpläne

- Durchgangsstraße
- sonstige Straßen
- Fußgängerzone
- Fußweg

Erste Auflage 1996

Redaktionsschluß: Juni 1996

Printed in Germany
Gedruckt auf chlorfrei gebleichtem Papier
ISBN 3-493-62848-X

Inselbeschreibungen

Fremde Kulturen kennenlernen und gastfreundlichen Menschen begegnen – wie sehr genießen wir das auf Reisen. Zu Hause bei uns jedoch wird mancher Ausländer von einer kleinen Minderheit beschimpft, bedroht und sogar mißhandelt. Alle, die in fremden Ländern Gastrecht genossen haben, tragen hier besondere Verantwortung. Deshalb: Lassen Sie es nicht zu, daß Ausländer diffamiert und angegriffen werden. Lassen Sie uns gemeinsam für die Würde des Menschen einstehen.

Verlagsleitung und Mitarbeiter des Polyglott-Verlages

Editorial

Die Filipinos sind stolz darauf, die Schnittstelle zweier unterschiedlicher Kultursphären zu repräsentieren. Vier Jahrhunderte kolonialer Abhängigkeit haben in dem südostasiatischen Land unverkennbare Spuren hinterlassen. Nachdem der Weltumsegler Magellan 1521 das Kreuz am Strand von Limasawa aufstellte, wurde der Archipel zur Bastion des Christentums in Asien. Vor hundert Jahren brachten dann die Amerikaner die Philippinen unter ihren Einfluß. Beeindruckt von technischem Fortschritt, Liberalismus und Bildungschancen fügten die Filipinos ihrer durch klerikale Intoleranz lange Zeit eingeengten Lebensfreude bereitwillig den *american way of life* hinzu.

Im Gegensatz zu Reisen in den mit Tempeln und Pagoden übersäten südostasiatischen Nachbarländern beschränken sich auf den Philippinen historische Baudenkmäler auf die immerhin weltberühmten Reisterrassen und eindrucksvolle Barockkirchen. Doch die faszinierende Naturlandschaft entschädigt vollends: zerklüftete Gebirgsregionen und mächtige Vulkane auf Luzon, leuchtende Strände auf den Visayas, Regenwäler auf Palawan.

Die politische und wirtschaftliche Instabilität der jüngsten Vergangenheit hat den Philippinen, die sich redlich um mehr Fremdenverkehr bemühen, ihren Stempel aufgedrückt. Soziale Gegensätze und mangelnde Infrastruktur sind mancherorts unverkennbar. Wer jedoch Toleranz, Höflichkeit und Geduld mitbringt, wird das Land und seine fröhlichen, gastfreundlichen und Fremden gegenüber aufgeschlossenen Bewohner schnell ins Herz schließen. *Mabuhay!*

Der philippinische Gruß heißt Sie willkommen, wünscht Gesundheit und gute Reise!

Der Autor

Albrecht G. Schaefer arbeitet als selbständiger Journalist und Buchautor. Von 1980 bis 1988 lebte er überwiegend auf den Philippinen. Nach wie vor ist dieses Land neben der süostasiatischen und ozeanischen Region sein Spezialgebiet, das er auf häufigen Reisen immer wieder von neuem kennenlernt.

Eine Brücke aus Inseln

Lage und Landschaft

Die philippinischen Inseln liegen auf der nördlichen Erdhalbkugel zwischen dem 5. und 21. Breitengrad, was einer Nord-Süd-Ausdehnung von rund 1850 km entspricht. Von Ost nach West sind es an der breitesten Stelle, zwischen 116° und 128° östlicher Länge, 1060 km. Von den insgesamt 7107 Inseln tragen rund 2700 einen Namen, nur etwa 2000 sind bewohnt. Lediglich knapp 500 Inseln sind größer als 1 km². Die gesamte Landfläche beträgt 300 439 km², 94 % davon nehmen die 11 Inseln Luzon, Mindanao, Samar, Negros, Palawan, Panay, Mindoro, Leyte, Cebu, Bohol und Masbate ein. Im Westen umspült das Südchinesische Meer den Archipel, im Osten der Pazifische Ozean. Beide Meere vereinigen sich im Norden, wo es von den Batanes-Inseln nur knapp 200 km bis Taiwan sind. Im Süden trennt die Celebes-See die philippinischen von den indonesischen Inseln. Entlang des Südostrandes des Archipels verläuft der *Philippinengraben,* der mit dem *Galathea-Tief* (10 497 m) eine der weltweit tiefsten Stellen auf dem Meeresgrund aufweist. Auf Grund dieser Lage auf der Reibungskante zweier Erdkrustenplatten – der eurasischen und der indoaustralischen – nehmen Geologen an, daß die Philippinen einst Teil eines mit Festlandasien verbundenen Subkontinents waren. Häufige Plattenbewegungen, daraus resultierender starker Vulkanismus und schließlich das Abschmelzen der Eiszeitgletscher vor rund 15 000 Jahren hätten demnach die Insellandschaft entstehen lassen.

Das Erdinnere ist noch nicht zur Ruhe gekommen: Immer wieder erschüttern heftige Erdbeben und Vulkanausbrüche das Land – der Ausbruch des *Pinatubo* (s. S. 46) beherrschte vor wenigen Jahren weltweit die Schlagzeilen. Die Philippinen gehören zum südostasiatischen Teil des „Pazifischen Feuerrings“: 18 von 37 gleichmäßig über den Archipel verteilten Vulkanen sind noch tätig. Die höchste Erhebung ist mit 2956 m der *Mount Apo* im Südosten von Mindanao. Die längste der insgesamt 132 Wasserstraßen des Landes ist der 354 km lange *Rio Grande de Cagayan,* der durch den Norden von Luzon fließt. Im zentralen Gebiet dieser größten Insel breitet sich südöstlich der Hauptstadt Manila die *Laguna de Bay* aus, der mit 922 km² Fläche größte Binnensee des Landes.

Klima

Im gesamten Archipel herrscht ein tropisch-heißes Regenklima vor, mit recht hohen Durchschnittstemperaturen und hoher Luftfeuchtigkeit. Die Werte allerdings schwanken je nach

Steckbrief

Staatsform: Präsidiale Republik

Fläche: 300 439 km²

Bevölkerung: 68,5 Mio. Einwohner

Bevölkerungsdichte: 226 Einw./km²

Hauptstadt: Manila (10 Mio. Einw., 13 000 Einw./km²)

Religion: 80 % Katholiken, 3 % Protestanten, 5 % Muslime

Sprache: Filipino (Tagalog), im Geschäfts-, Verwaltungs- und touristischen Bereich ist Englisch weit verbreitet

Wirtschaft: Bruttoinlandsprodukt je Einwohner: 2660 US-$ (1996). Auslandsverschuldung: 37 Milliarden US- $ (1996). Inflation: ca. 11 % (Mitte 1996)

Jahreszeit und Region beträchtlich. Dies gilt auch für Trocken- und Regenzeit: Zwischen Dezember und Mai weht der trockene Nordostpassat, während von Juni bis November der Südwestmonsun reichlich Niederschläge beschert. Trotzdem kann es in der Regenzeit im Westen der Visayas und im Norden Mindanaos längere niederschlagsfreie Abschnitte geben, während das ozeanische Klima den Pazifikküsten das ganze Jahr über Regenschauer bringt. Die mittlere Jahrestemperatur beträgt in tieferen Lagen etwa 27° C. Im Hochland von Luzon kann es selbst im Mai, wenn in Manila und anderen Tieflandorten das Thermometer auf über 35° C klettert, tagsüber mit 15° C kühl sein.

Als beste Reisezeit sind die Monate Januar bis Mai zu empfehlen. Dann ist das Land auch relativ sicher vor Taifunen, die in der Regel zwischen Juni und November von Südosten her über die Inseln fegen.

Bambus wird vielseitig genutzt

Flora und Fauna

Pflanzen und Tiere der Inselwelt weisen neben zahlreichen endemischen, also nur hier beheimateten Spezies, eine Fülle von Arten auf, die eigentlich aus anderen asiatischen und pazifischen Regionen stammen. Bewegungen der Kontinente, das Entstehen und Verschwinden von Landbrücken beeinflußten Einwanderung und Entwicklung der Lebewesen.

Seit Ankunft der Europäer sind die *Wälder* rapide geschwunden. Man schätzt, daß heute nur noch 10 % des ursprünglichen Urwaldbestands erhalten sind. Zwar sind strenge Schutzbestimmungen erlassen worden, doch Brandrodung und illegales Holzfällen setzen diesem für Mensch und Natur so wichtigen Lebensraum weiter zu. Über 10 000 Baum-, Busch- und Farnarten, davon rund 7000 endemische, wachsen auf den Philippinen – von den Küstenmangroven bis zu Kiefern, Eichen und Rhododendren in fast 3000 m Höhe.

Ein Pilandut

Allein im Dschungel wachsen dort, wo er noch intakt ist, nahezu 3000 Baumarten. Die härtesten und deswegen bedrohtesten Urwaldriesen sind *Narra*, der Nationalbaum, *Molave* und *Apitong*. Über 900 *Orchideenarten* krönen die bunte Welt der Blütenpflanzen. Zur Nationalblume wurde die kleinblütige *Sampanguita* gekürt, deren Duft an Jasmin erinnert. Vielseitig genutzt wird *Bambus*, der bis in kühle Bergregionen hinauf gedeiht. Unterschiedliche *Palmenarten*, die *Abaca-Pflanze*, eine Bananenart, aus deren Fasern der berühmte Manila-Hanf gedreht wird, und die im Urwald rankenden Rotangpalmen, die zu *Rattan* verarbeitet werden, sind weitere wichtige Nutzpflanzen. Von wirtschaftlicher Bedeutung sind neben Reis und Mais Zuckerrohr, Kaffee, Kakao, Tabak und Gummibäume. Zu den vielen Obstarten zählen so köstliche Früchte wie Mango, Bananen, Ananas, Durian, Karambola, Papaya und Rambutan.

Die Fauna ist vergleichsweise artenarm. Unter den etwa 230 Säugetierarten gibt es auf Palawan das hasengroße *Pilanduk*, die kleinste Rotwildart der Erde. Auf Bohol und Mindanao lebt der *Tarsius* oder *Koboldmaki*, ein höchstens 18 cm großes Halbäffchen, dessen Lebensraum angesichts der fortschreitenden Urwaldvernichtung gefährdet ist. Die letzten Exemplare des *Tamarau*, eines kleinen Verwandten des Wasserbüffels *(Karabao)*, sollen auf Mindoro existieren. In einigen Seen von Südluzon schwimmt der *Sinarapan*, der kleinste Speisefisch der Welt, knapp einen Zentimeter lang. Der *Philippinische Adler*, mit fast 1 m Körperlänge nach der südamerikanischen Harpyie der zweitgrößte Greifvogel der Welt, ist einer von über 800 Vogelarten, zu denen *Nashorn-* und *Eisvogel, Papageien* und *Kakadus, See-* und *Zugvögel* zählen. Mit 30 cm Länge das größte Insekt der Erde ist die hier lebende *Gespenstschrecke*. Im ganzen schätzt man die Insektenarten auf rund 25 000, darunter zahlreiche, oft handtellergroße Spinnen und schillernde Schmetterlinge. Etwa 200 Reptilienarten in allen Größen – vom Gecko bis zum Krokodil – sind in der Inselwelt beheimatet. Von den 35 Schlangenarten sind einige wie Kobra und Wasserschlange giftig; der Python zählt zu den längsten Schlangen der Welt. Überaus vielfältig ist die Meeresfauna mit über 2000 Fischarten, mehr als 350 Korallen und Weichtieren sowie mindestens 5000 Molluskenarten. Leider ist diese Wunderwelt stark bedroht, nur noch etwa 5 % der Korallenriffe des Archipels sind völlig intakt.

Bevölkerung, Religion und Bildung

Von den über 68 Millionen Philippinern lebt mehr als ein Drittel auf der Insel Luzon. Die Wachstumsrate der Bevölkerung liegt derzeit bei 2,3 %, ein mittelhoher Wert im südostasiatischen Vergleich. Die Regierung bemüht sich – gegen den erbitterten Widerstand der katholischen Kirche –, durch Aufklärung über Maßnahmen zur Geburtenkontrolle den Zuwachs zu bremsen. Allmählich machen sich die verbesserte medizinische Versorgung und der langsame Geburtenrückgang in der Altersstruktur bemerkbar, doch noch immer liegt der Anteil der unter 15jährigen bei knapp 40 %; über 65 Jahre alt sind nur 3,5 % der Bevölkerung.

Während über die Hälfte des National einkommens in den Taschen von 20 % der Filipinos landet, leben mehr als 50 % nach wie vor unter der Armutsgrenze. Der gesetzliche Mindestlohn liegt bei etwa 8 DM pro Tag. Die offizielle Statistik spricht von einer 11 %igen Arbeitslosenrate, in Wirklichkeit dürfte sie mehr als doppelt so hoch sein, wenn man auch die landesweite Unterbeschäftigung einbezieht. Landflucht, Slumbildung und massenhafte Abwanderung als Billigarbeiter im Ausland – zur Zeit leben dort rund 5 Mio. philippinische Staatsangehörige – sind Folgen dieser Situation.

Kulturelle Minderheiten: Die Stammes-Filipinos, wie sie auch genannt werden, sind Nachfahren unterschiedlicher jungmalaiischer Einwanderer und *Negritos* – so bezeichneten die Spanier die kleinwüchsigen und dunkelhäutigen Ureinwohner, die vor weit mehr als 10 000 Jahren weite Teile des südostasiatischen Archipels besiedelten. Einschließlich der muslimischen Gruppen machen ihre rund 40 Ethnien mit zwei Dutzend sprachlichen Untergruppen knapp 10 % der Gesamtbevölkerung aus. Wo sie sich jedoch nicht an die Bedingungen der modernen Welt wie Ausweitung der Anbaufläche, Ausbeutung der Bodenschätze, Holzschlag in den Wäldern und Zwang zur Seßhaftigkeit anpassen, ist ihre Existenz stark bedroht. Einige Völker wie die einst kriegerischen *Ifugao, Bontoc* und *Kalinga* aus Nordluzon, die *Mangyan* auf Mindoro, die wenigen Batak-*Negritos* auf Palawan und die meisten muslimischen Gruppen des Südens konnten aber ihre traditionelle Lebensweise teilweise behaupten.

Religion: Die 333jährige Kolonialherrschaft der Spanier hatte vor allem eine gründliche Missionierung zur Folge – heute gehören rund 80 % der Bevölkerung der römisch-katholischen Kirche an; nur etwa 3 % sind Protestanten. Mit den Anhängern der *Iglesia ni Kristo,* der *Aglipan-Church* (Unabhängigkeitskirche) und anderen Sekten bekennen sich rund 90 % der Bevölkerung zum Christentum. Auf Mindanao und den Sulu Inseln lebt der etwa 5 % große muslimische Teil der Bevölkerung. Der Rest verteilt sich auf chinesische Buddhisten und die Gruppen der kulturellen Minderheiten, die noch ihrem Naturglauben treu geblieben sind.

Sprache: Es gibt 87 einheimischen Sprachen und Dialekte. Eine davon, das von den Tagalen auf Zentralluzon, Mindoro und Marinduque gesprochene *Tagalog,* wurde in *Filipino* (auch *Pilipino*) umbenannt und zur Nationalsprache erklärt. Die wichtigsten anderen einheimischen Sprachen sind: Cebua-

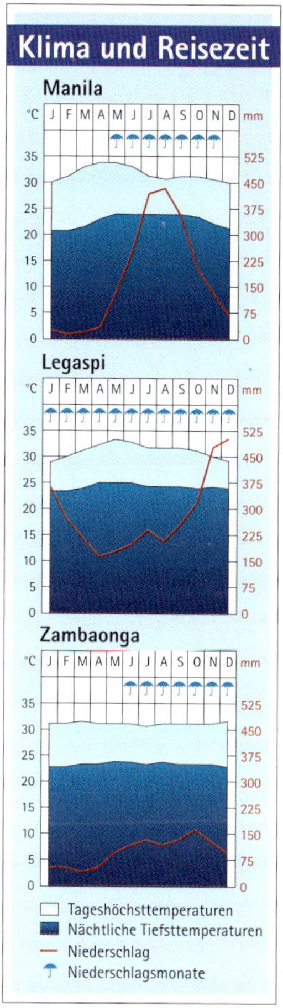

no, Ilocano, Hiligaynon (Ilonggo), Bicol, Waray Waray, Pampango und Pangasinan. Daneben wird Englisch landesweit als Geschäfts- und Verkehrssprache gesprochen.

Bildung: Mit einer Analphabetenrate von nur 7 % haben die Philippiner ein vergleichsweise hohes Bildungsniveau, allerings mit einem beträchtlichen Stadt-Land-Gefälle. Generell folgt das Erziehungswesen dem US-amerikanischen Vorbild. Die kostenlose Grundschulausbildung ab dem 7. Lebensjahr besteht aus *Elementary* und *Secondary School*, daran schließt sich ebenfalls ohne Schulgebühren die *High School* an. Eine bestandene Aufnahmeprüfung ist Voraussetzung für den Besuch kostenpflichtiger Hochschulen *(College* oder *University)*. Die bekanntesten der rund 65 Universitäten und mehr als 1000 Colleges findet man in Manila. Bedauerlicherweise kann trotz dieser recht guten Ausgangsbedingungen nur ein Viertel der Schulabgänger eine ihrem Bildungsstand entsprechende Arbeit finden.

Staat und Verwaltung

Staats- und Regierungsform der Philippinen ist seit der Unabhängigkeit am 4. Juli 1946 die einer präsidialen Republik *(Republika ng Pilipinas)*. Verwaltungsmäßig ist das Land in 13 Regionen (einschließlich der *National Capital Region* von Metro Manila) aufgeteilt, die aus 76 Provinzen mit Provinzhauptstadt, Gemeindebezirken *(Municipality)* und Dorfgemeinschaften *(Barangay)* gebildet werden. Die größten Städte nach Manila sind *Davao, Cebu City, Iloilo, Zamboanga, Bacolod, Angeles, Butuan* und *Cagayan de Oro*. Insgesamt 60 Orte beanspruchen das Stadtrecht, was sich im Zusatz *City* niederschlägt. (Der Einfachheit halber wird im nachfolgenden Text dieser Zusatz nur genannt, wenn eine Verwechslung mit einer gleichlautenden Provinz oder Insel möglich ist; z. B. Cebu als Insel, Cebu City als Stadt.)

Die neue demokratische Verfassung von 1987, die durch Volksabstimmung angenommen wurde, schreibt die Wahl des Staatsoberhauptes durch das Volk vor und bestimmt eine einmalige Amtsperiode von 6 Jahren. Der Präsident hat den Oberbefehl über die rund 200 000 Mann und Frau starken Streitkräfte – Präsidentin Aquino ernannte die erste Generalin der Armee. In der neuen Verfassung aber hat das Parlament ein Einspruchsrecht bei Verhängung des Kriegsrechtes.

1986 gelang es der friedlichen *People's-Power*-Bewegung, den Diktator Ferdinand E. Marcos zu vertreiben,

Filipinos – Menschen zwischen Ost und West

Für die spanischen Konquistadoren waren sie einfach asiatische Indios, die es zu bekehren und zivilisieren galt. Die Amerikaner nannten sie herablassend „unsere kleinen braunen Brüder", als sie sie fast 50 Jahre lang beherrschten.

Im Lauf der Jahrhunderte haben beide Mächte das Inselreich, das so lange wie kein anderes Land fremde Herrschaft erdulden mußte, nachhaltig geprägt. Die Philippinen sind das christlichste Land in ganz Asien und tragen noch immer den Namen des spanischen Königs Philipp II.

Seit dem Unabhängigkeitskampf nennen sich die Philippiner stolz *Filipinos*. Doch die Mehrzahl von ihnen spricht Englisch, der „American way of life" gilt als modern.

Bei aller westlichen Fassade sind indes die malaiischen Wurzeln nicht abgestorben. Neben Frömmigkeit und Verehrung der katholischen Kirche sind Natur- und Aberglaube sehr lebendig. Wunderheiler und Wahrsager haben nach wie vor Konjunktur. Auch die saloppen Umgangsformen unter den Geschäftsleuten in Manilas Bankenviertel Makati dürfen nicht darüber hinweg-

der das Volk 21 Jahre lang autokratisch regiert hatte. Als erste Frau wurde Corazon Aquino, die Witwe des womöglich auf Marcos' Befehl ermordeten Oppositionsführers, zur Präsidentin gewählt. Seit 1992 regiert Fidel Ramos, der unter Marcos Stabschef und unter Aquino Verteidigungsminister war.

Als Legislative fungiert ein Zweikammerparlament; die 24 Mitglieder des Senats werden vom Volk für eine Amtszeit von 6 Jahren ge-

täuschen, daß der große Respekt für Vorgesetzte und Ältere alte Wurzeln hat, die die Erziehung auch heute noch bestimmen. Es sind vor allem die engen Familienbande, aus denen die Menschen, ob arm oder reich, Kraft und Vertrauen schöpfen. Aus ihnen leiten sie sowohl Verpflichtung als auch zuweilen Rücksichtslosigkeit Außenstehenden gegenüber ab, wenn es darum geht, Familienmitglieder zu unterstützen. Auf etwa 300 Personen wird der „Klan" eines Einzelnen geschätzt, der Eindruck, ein ganzes Dorf sei miteinander verwandt, ist in der philippinischen Provinz gar nicht so falsch. Ein gern angeführtes und von manchen Besucher selbst erlebtes Beispiel für diese *tayo tayo*- oder *pakikisama*-Norm („Wir müssen zusammenhalten") ist der Umzug eines ganzen Bambushauses – eine schwere Arbeit, die nur gemeinsam geleistet werden kann. Mit der Verpflichtung, füreinander einstehen zu müssen, erklären Sozialkritiker allerdings auch das tiefgreifende System von Korruption und Vetternwirtschaft.

Sozialer Stützpfeiler ist neben den Familienbanden das Prinzip von *utang na loob* – „Schuld bis ins Blut". Gemeint ist der Zwang, für erhaltene Gefälligkeiten und Hilfeleistung, aber auch für zugefügten Schaden Wiedergutmachung zu leisten. Eng damit verbunden ist der Gefühlskomplex von *hija*, der das Empfinden von Scham, aber auch das Behaupten der eigenen Ehre bedeuten kann, und die Menschen immer dann in die Pflicht nimmt, wenn sie in irgendeiner Weise gefehlt haben, sich fürchten, einen Fehler zu begehen oder sich für das Mißgeschick anderer verantwortlich fühlen: Groß ist die Angst, das „Gesicht zu verlieren". In diese Geisteshaltung paßt das sprichwörtliche asiatische Lächeln, das nicht nur Wohlwollen, Freude und Spaß, sondern auch Unsicherheit und Verlegenheit ausdrücken kann oder das einfach Gefühle verbirgt.

Schließlich neigen die Filipinos zu einer in europäischen Augen fatalistischen Lebenseinstellung. Die gängige Redensart *bahala na* – „Gott wird es schon richten" – verdeutlicht dies, sei es angesichts eines Schuldenberges, nach einem verpatzten Rendezvous oder einer Mißernte auf den Reisfeldern. Hintergrund sind jedoch nicht Lethargie oder Resignation, sondern vielmehr drückt sich darin die Bejahung des kurzen Lebens aus.

wählt, das Repräsentantenhaus mit 250 Mitgliedern (50 bestimmt der Präsident, 200 werden auf Parteiebene gewählt) amtiert für jeweils 3 Jahre.

Nach der langen Alleinherrschaft der Marcos-Partei KBL („Bewegung für eine neue Gesellschaft") und einer verwirrenden Vielfalt an politischen Fraktionen während der Amtszeit von Aquino sind jetzt vor allem drei Parteien einflußreich: die regierende „Nationale Union der Christdemokraten" (Lakas-NUCD), die oppositionelle, derzeit mit Lakas-NUCD koalierende Demokratische Partei (LDP) und die Nationalisten (NP), Sammelbecken zahlreicher ehemaliger Marcos-Günstlinge.

In der Verfassung sind Presse-, Meinungs- und Religionsfreiheit verankert. Das Streikrecht wurde wiederhergestellt und unter dem erneut gewachsenen Einfluß der Gewerkschaften ausgiebig genutzt. Doch gibt es weiterhin zahlreiche Menschenrechtsverletzungen: In Zusammenhang mit den immer wieder aufflammmenden Kämpfen zwischen linken und muslimischen Rebellen einerseits sowie paramilitärischer Truppen andererseits werden häufig Zivilisten drangsaliert, verschleppt und getötet. Journalisten und Umweltschützer werden bedroht und ermordet. Unter der Militarisierung einzelner Regionen wie in Nordluzon und Mindanao leiden vor allem die ethnischen Minderheiten. Die Regierung muß sich mit Autonomieansprüchen der Muslime, militanten Forderungen nach Bodenreform und sozialer Gerechtigkeit sowie mit gestiegener Armut und Kriminalität auseinandersetzen.

Wirtschaft

Die Landwirtschaft beschäftigt ein Drittel der Erwerbstätigen, erwirtschaftet etwa ein Viertel des Bruttoinlandsproduktes und bestreitet rund 25 % des Exportgeschäftes. Rund 90 % der Landfläche werden land- und forstwirtschaftlich genutzt. Reis ist vor Mais und der Kokospalme die wichtigste Nutzpflanze; bedingt durch den gestiegenen Verbrauch der wachsenden Bevölkerung reicht die Eigenproduktion nicht mehr aus – seit einigen Jahrzehnten muß Reis importiert werden. Wichtigste Agrarexportartikel sind Kokosprodukte (Kopra, Fasern, Öl), nach industriellen Waren und Bergbauerzeugnissen die drittwichtigste Devisenquelle des Landes. Nach Verordnung umfangreicher Schutzmaßnahmen für die verbliebenen Waldgebiete haben Edelhölzer als Ausfuhrartikel an Bedeutung verloren.

Mehr Gewinn verspricht man sich dagegen zukünftig von den großen und vielfach noch unerschlossenen Vorkommen von Bodenschätzen. Immerhin sind die Philippinen Asiens wichtigster Goldproduzent. Mehr als die Hälfte aller geförderten metallischen Rohstoffe ist Kupfer. Die weltgrößten Chromitvorkommen liegen auf Luzon, zu den begehrten Bodenschätzen zählen außerdem Silber, Zink, Eisenerz, Mangan, Quecksilber, Platin, Blei und Cadmium. Von den nichtmetallischen Mineralien sind Kohle, Phosphat, Kalkstein (Marmor), Feldspat, Schwefel und Meersalz erwähnenswert. Neuere Bohrungen vor der Küste der Insel Palawan geben Anlaß zu der Hoffnung, daß das Land in naher Zukunft seinen Eigenbedarf an Erdöl decken kann.

Der wachsende Energiebedarf wird derzeit zu rund einem Drittel aus eigenen Ressourcen gedeckt. Die größte Rolle spielen Wasserkraft, Erdwärme (heißer Dampf aus dem Erdinnern) und Kohle. Das unter Marcos begonnene und von Aquino gestoppte Kernergieprogramm wird auch von der Ramos-Regierung nicht weiterverfolgt – eine angesichts der großen Erdbebengefahr weise Entscheidung. Diskutiert werden dagegen verstärkt die Chancen der Solarenergie.

Die wichtigsten industriellen Exportprodukte werden von der verarbeitenden Industrie, vor allem der elektrotechnischen und textilverarbeitenden, hergestellt. Hauptabnehmerländer sind die USA und Japan. Deutschland ist mit nur 5 % Exportanteil ein relativ kleiner Handelspartner der Philippinen.

Im stetig wachsenden tertiären Sektor, dem Dienstleistungsbereich (über 40 % der Erwerbstätigen), steht der Tourismus an erster Stelle. Nach den instabilen Zeiten am Ende der Marcos-Diktatur und den mageren Jahren 1991/92, die von den Ausbrüchen des Pinatubo und anderen Naturkatastrophen überschattet waren, haben die Besucherzahlen mit 1,6 Mio. im Jahr 1995 einen vorläufigen Höchststand erreicht. Einerseits will man Städte wie Manila, Cebu City und Davao als Einkaufs-, Erholungs- und Unterhaltungsmetropolen für den asiatischen Markt ausbauen, zum anderen setzt man weiterhin auf die meist europäischen Individualtouristen, die in erster Linie Traumstrände und unverdorbene Natur suchen. Dazu bedarf es allerdings eines verstärkten Umwelt- und Naturschutzes – eine Einsicht, die sich bei den Verantwortlichen allmählich durchsetzt.

Zu einer engen Zusammenarbeit zwischen Politik, Wirtschaft und Industrie hat Präsident Ramos aufgerufen. Sein Programm „Philippinen 2000" soll die Wirtschaft stärken, aber auch die soziale Gerechtigkeit fördern. Immerhin hat er in den letzten Jahren wieder eine gestiegene Investitionsbereitschaft ausländischer Unternehmen in seinem Land verzeichnen können.

Reis wird mühevoll gesetzt

Der Wasserweg ist eine der wichtigsten Verbindungen im Archipel – hier ein Badjao-Vinta

Auf dem Markt von Iloilo City

Geschichte im Überblick

250 000 Jahre alte Funde belegen die Existenz von Hominiden auf den Philippinen, vermutlich Verwandte des Peking- und des Javamenschen.

Seit ca. **30 000** Jahren lebt der *Homo sapiens* auf Palawan. Funde von Steinwerkzeugen und Knochenreste belegen die Ähnlichkeit mit der Niah-Kultur im heute indonesischen Sarawak (auf Borneo).

13 000–10 000 v. Chr. wandern *Aeta*, kleinwüchsige, dunkelhäutige Sammler und Jäger vom asiatischen Festland her ein.

Ab ca. **4000 v. Chr.** verdrängen seefahrende Protomalaien aus Innerasien (Mongolei, Kaukasus) die Aeta oder Negritos, wie die Spanier später die „kleinen Schwarzen" nannten, von den Inselküsten ins Hinterland.

Ab ca. **300 v. Chr.** wandern Deutereo- oder Jungmalaien ein und führen eine höherstehende Kultur ein (Viehzucht, Metallverarbeitung, Töpferei, Reisterrassen).

7.–9. Jh. n. Chr. Die südlichen Philippinen geraten unter den Einfluß des auf Sumatra gegründeten mächtigen buddhistischen Großreiches *Sri Vijaya.*

10.–11. Jh. Chinesische Seefahrer gründen Handelsstützpunkte auf den Philippinen.

14. Jh. Das javanische Reich Majapahit dehnt seine Macht bis auf die Philippinen aus und unterhält Wirtschaftsbeziehungen zu Indochina.

1380 erreicht der erste arabische Gelehrte, Makdum, die Sulu-Inseln. Im Süden breitet sich der Islam aus.

1521 landet Ferdinand Magellan auf Samar und Cebu.

1543 werden die Inseln nach König Philipp II. *Las Islas Felipinas* benannt.

1565 nimmt Miguel Lopez de Legazpi die Visayas in Besitz. Damit beginnt die 333jährige Kolonialherrschaft der Spanier.

1762 gelingt es den Briten während des Siebenjährigen Krieges, Manila für zwei Jahre zu besetzen.

1821 wird Mexiko, von wo aus die Philippinen verwaltet wurden, unabhängig; die Kolonie wird nun direkt Madrid unterstellt.

1872 rebellieren philippinische Soldaten in Cavite. Die Anführer und drei der Rebellion beschuldigte philippinische Priester werden hingerichtet.

1892 gründet der Arzt und Schriftsteller Dr. José Rizal die *Liga Filipina*, eine Reformbewegung, die sich mehr gegen die Übermacht der Kirche als gegen die spanische Herrschaft richtet. Er wird nach Mindanao verbannt. Sein Freund Andres Bonifacio gründet den Geheimbund *Katipunan*, der die Befreiung von den Spaniern und eine Bodenreform zum Ziel hat.

1896 bricht der Katipunan-Aufstand aus. Rizal, obwohl daran nicht beteiligt, wird verhaftet und in Manila exekutiert. Der Aufstand scheitert, dessen Anführer Emilio Aguinaldo muß emigrieren.

12. Juni 1898 Nachdem im Spanisch-Amerikanischen Krieg Admiral Dewey Manila eingenommen hat, kehrt Aguinaldo zurück und ruft die Unabhängigkeit der Philippinen aus. Die Amerikaner erkennen diese nicht an. Im Friedensvertrag von Paris treten die Spanier die Kolonie und andere Besitzungen für 20 Millionen Dollar an die USA ab.

1901 Nach grausamem Krieg der Amerikaner gegen die Katipunan-Guerilla wird William Taft erster Zivilgouverneur. In der Folge reformieren die Amerikaner das Schulwesen und gewähren den Filipinos allmählich politische Selbstverwaltung auf regionaler Ebene.

1935 erkennt Präsident Roosevelt die neue philippinische Verfassung an, Manuel L. Quezon wird erster Präsident des philippinischen Commonwealth.

1944 kehrt General MacArthur zurück und erobert die seit 1941 von den Japanern besetzten Inseln.

Am **4. Juli 1946** wird die unabhängige Republik der Philippinen ausgerufen, Präsident wird Manuel A. Roxas. Die USA behalten aber weiterhin die wirtschaftliche Kontrolle.

1965 wird Ferdinand E. Marcos siebter Präsident der Philippinen. Als kluger Taktierer erreicht er 1969 seine Wiederwahl, die laut Verfassung auch seine letzte sein sollte. Doch

1972 verhängt Marcos das Kriegsrecht, läßt Zigtausende verhaften, foltern und ermorden. Sein Ziel ist eine „Neue Gesellschaft". Seine neue Verfassung macht ihn gleichzeitig zum Premierminister.

Seine Frau Imelda setzt er als Ministerin und Gouverneurin von Metro Manila ein. Jedwede Opposition wird grausam unterdrückt. Die USA stützen Marcos, um ein Vordringen des Kommunismus zu verhindern. Zur allgemeinen Beruhigung läßt Marcos den inhaftierten Oppositionellen Benigno Aquino in die USA ausreisen.

1981 wird das Kriegsrecht aufgehoben, Marcos läßt sich erneut zum Präsidenten wählen.

1983 kehrt Oppositionsführer Benigno Aquino aus dem Exil zurück und wird bei Verlassen des Flugzeuges erschossen.

Ferdinand Magellan

Dr. José Rizal

Das Ehepaar Marcos, das die Philippinen zwei Jahrzehnte diktatorisch beherrschte

Geschichte im Überblick

1984 Manipulierte Wahlen führen zu immer heftigeren Demonstrationen, die USA drängen auf Wahlwiederholung.

1986 Aquinos Witwe Corazon kandidiert bei den Präsidentschaftswahlen im Februar gegen Marcos – sie hat sowohl die Kirche als auch die Oppositionspartei auf ihrer Seite. Als Marcos seinen Wahlsieg verkündet, stellt sich das Volk geschlossen hinter Corazon Aquino: Die friedliche People's-Power-Bewegung (s. S. 35) vertreibt schließlich den Diktator ins Exil nach Hawaii, wo er 1989 stirbt.

1987 verabschiedet Cory Aquino als Präsidentin der Philippinen eine neue Verfassung. Doch soziale und politische Unruhen aufgrund der überfälligen Bodenreform, Putschversuche und Rebellenaktivitäten dauern an, und alte Machtstrukturen bleiben weitgehend erhalten.

1992 wird Fidel Ramos, Verteidigungsminister unter Aquino, zum neunten Präsidenten gewählt. Die USA räumen ihre Militärstützpunkte, nachdem diese von den Ausbrüchen des Vulkans Pinatubo teilweise zerstört wurden und der philippinische Senat den Pachtvertrag nicht verlängern wollte.

1993 verkündet Ramos seinen Maßnahmenkatalog „Philippinen 2000", der dem Land neben wirtschaftlicher Gesundung politische und soziale Stabilität bringen soll.

1996 Nach 26 Jahren Bürgerkrieg zwischen den muslimischen Rebellen und der Regierung, der mindestens 150 000 Menschenleben gefordert hat, unterzeichnen Präsident Ramos und Rebellenführer Misuari im Septemver ein Friedensabkommen.

Dr. José Rizal – Nationalheld der Filipinos

Der Mann, dessen Statue heute auf jeder Dorfplaza steht, wird 1861 als spanisch-philippinisch-chinesischer Mestize in Calamba geboren. Aus gutem Haus wie alle *Ilustrados* – Nachkommen der Haciendero-, Beamten- und Händlerschicht – kann er schon mit 20 Jahren nach Europa, Amerika und Japan reisen, um sein Studium der Medizin, Philosophie und Literaturwissenschaft fortzusetzen. Er verbringt sogar einige Zeit in Berlin und Heidelberg. In Spanien schließt er sich der *Ilustrados*-Bewegung um Marcelo del Pilar an, die in der revolutionären Zeitschrift *La Solidaridad* den Machtmißbrauch des Klerus anklagt und Reformen in der Heimat fordert. Dort provozieren insbesondere Rizals Romane *Noli Me Tangere* („Berühr' mich nicht") und *El Filibusterismo* („Die Rebellion") die spanische Verwaltung und die Kirche. Nach seiner Rückkehr 1892 nach Manila ruft Rizal die *Liga Filipina* ins Leben, die sich gegen die Übermacht des Klerus wendet, aber nicht die Loyalität zu Spanien in Frage stellt. Er wird verhaftet und nach Dapitan auf Mindanao verbannt. Gleichzeitig gründet sein Freund Andres Bonifacio den Geheimbund *Katipunan*, der anders als Rizals Liga Filipina die völlige Selbstbestimmung der Philippinen anstrebt. Als die *Katipunan*-Aufständischen losschlagen, wird Rizal, dessen Schriften im Untergrund großen Zuspruch finden, nach Manila zurückgebracht und zum Tode verurteilt. Obwohl er stets friedlichen Reformen der gewaltsamen Revolte den Vorzug gegeben hat, klagen die Spanier ihn der Verschwörung an. Am 30. Dezember 1896 stirbt er auf dem Campo de Bagumbayan, wo schon 1872 die drei Priester Burgos, Gomez und Zamora hingerichtet wurden, durch die Kugeln eines Exekutionskommandos.

Prächtige Korallenriffe locken bei zahlreichen Inseln des Archipels

Kultur gestern und heute

Ein Land, das vier Jahrhunderte Fremdherrschaft erlebt hat und als asiatische Hochburg des Katholizismus gilt – was hat es an eigenständiger Kultur zu bieten? Die Frage stellen sich viele Besucher, die in Architektur, Sprache und Kleidung zunächst den europäischen und amerikanischen Lebensstil wiedererkennen. Sicherlich wirkt beides in Erziehung, Religion, Sozialverhalten und Kulturschaffen hinein. Wenn die Spanier die Errungenschaften der *Indios* diskriminierten und die Amerikaner das klerikal-autoritäre System durch ihre weltliche Pragmatik ersetzten, dann drückt sich das gerade in der Kunst aus. In den Stilrichtungen der verschiedenen Epochen werden aber auch das Streben nach Assimiliation und schließlich die Wiederentdeckung einer eigenständigen Kultur sichtbar.

Einige archäologische Funde weisen auf menschliche Spuren der philippinischen Vorzeit hin: einfache Steinbeile aus dem Paläolithikum, Breitbeilklingen und Breitbandkeramik aus der Jungsteinzeit, Felszeichnungen der Protomalaien sowie Utensilien aus Bronze- und Eisenzeit. Im ersten nachchristlichen Jahrtausend brachte der Einfluß der indonesischen Reiche Sri Vijaya und Majapahit unter anderem die dem Sanskrit ähnliche Silbenschrift auf die Philippinen, wo sie z. B. bei den Mangyan auf Mindoro noch existiert. Im Süden verbreiteten sich ab dem 14. Jh. durch den Handel mit muslimischen Regionen Metallhandwerk und Webtechniken. Relikt des lebhaften Kulturaustausches ist auch das chinesische Porzellan, das schon die frühen Filipinos als wichtiges Handels- und Statusattribut in ihr Wertesystem übernahmen.

Die Kirche als Kunstschule

Viel hatten die Völker, die die Weißen in unterschiedlichen Entwicklungsstufen und mit Ausnahme der Bergstämme im Norden und der islamischen Ethnien des Südens ohne homogenes politisches System antrafen, den Spaniern nicht entgegenzusetzen. In den übrigen Regionen hatten die Spanier keine große Mühe, ihre Sakralkunst einzuführen, dokumentiert durch mächtige Kirchenbauten. Grundlage war der Barockstil, den die Mönche aus Mexiko mitbrachten. Angesichts der Naturgewalten und der Bedrohung durch die Muslime setzten sie ihn überall in der Kolonie in wuchtigen, festungsähnlichen Bauwerken um – es entstand ein Stil, der heute als *Erdbeben-Barock* bezeichnet wird. Da gerade unter den eingewanderten Chinesen geschickte Handwerker waren, zeigen die Fassaden neben spanisch-maurischen auch orientalisch-asiatische Elemente. Malerei und Bildhauerei, in vorkolonialer Zeit wenig entwickelt, blühten unter den Spaniern auf. Bis ins 19. Jh. entstanden zahllose Gemälde und Skulpturen, religiöse Motive überwogen. Die *santos,* aus Stein, Holz oder Elfenbein geformte Heiligenfiguren, hatten bald die Geister- und Ahnenstatuen der ursprünglichen Religion verdrängt.

Über die Kunst zur neuen Identität

In der zweiten Hälfte des 19. Jhs. versuchten zahlreiche philippinische Künstler, sich der kirchlichen Aufsicht zu entziehen und ihre eigenen Vorstellungen von Selbstbestimmung in ihr Schaffen einzubringen. Eigene Kunstschulen entstanden. Nicht mehr sakrale Themen standen im Vordergrund, sondern Kritik an der spanischen Herrschaft und die realistische Wiedergabe des philippinischen Alltags. Als Begründer der eigenständigen philippinischen Malerei gilt *Damian Domingo;*

Juan Luna und *Felix Hidalgo* wurden international ausgezeichnet.

Mit dem Wechsel hin zur amerikanischen Einflußsphäre breiteten sich Kulturideale und -idole „made in USA" schnell in den bildenden und darstellenden Künsten aus. Manila und andere Städte erhielten ihre neoklassizistischen Monumentalgebäude, Broadway und Hollywood dirigierten Theater-, Film- und Musikszene. Daneben konnten sich einheimische Künstler an der multikulturellen Komponente Amerikas, aber auch an Einflüssen aus anderen Teilen der Welt orientieren. 1929 bereicherte der aus den USA zurückgekehrte *Victorio C. Edades* als einer der *Thirteen Moderns* („Die Dreizehn

Die neue Schönheitskönigin

Festkalender

9. Januar: *Black-Nazarene-Prozession* in Quiapo, Manila (s. S. 32). Tumultartige Verehrung einer schwarzen Jesusstatue, die Heilkräfte haben soll.

3. Wochenende im Januar: *Ati-Atihan Festival* in Kalibo, Panay (s. S. 70). *Sinulog Festival* in Cebu City (s. S. 61). Ausgelassenes, karnevalartiges Treiben, bei dem die Verehrung des Jesuskindes im Mittelpunkt steht.

Januar/Februar: Die Chinesen feiern ihr *Neujahrsfest* mit Feuerwerken und Umzügen.

22.–26. Februar: *People's Power Day.* In Manila wird außer durch politische Veranstaltungen besonders auf der EDSA in Manila (s. S. 35) mit Tanz, Musik und Paraden der Jahrestag der Vertreibung des Diktators Marcos (26.2.1986) gefeiert.

März/April: *Semana Santa* – die Karwoche – begeht man im ganzen Land mit Prozessionen, Passionsspielen, Geißelungen und Gebeten. Spektakulär sind am Karfreitag die *Cutod Lenten Rites* (Kreuzigung) in San Fernando (s. S. 43).

Mai: *Flores de Mayo.* Während des ganzen Monats landesweit Prozessionen und Wahl der Schönheitskönigin zu Ehren der Jungfrau Maria. Überall finden Erntefeste statt.

15.–19. Mai: *Fertility Rites* in Obando (s. S. 43). Kinderlose Ehepaare und Reisbauern bitten mit Tänzen die Ortsheiligen um Fruchtbarkeit.

24. Juni: *Parada ng Lechon,* eine Spanferkelparade zu Ehren Johannes des Täufers in Balayan (Batangas).

1. Wochenende im Juli: *Fiesta Pagoda Sa Wawa* in Bocaue (s. S. 43). Mit einem Bootskorso auf dem Fluß ehren die Bewohner das Heilige Kreuz.

3. Wochende im September: *Peñafrancia Festival* in Naga (s. S. 57). Farbenprächtige Bootsparade auf dem Naga zu Ehren der Jungfrau Maria von Peñafrancia.

19. Oktober: *Masskara Festival* in Bacolod. Das größte Fest der Insel Negros wird mit Tänzen und Paraden gefeiert, bei denen große lächelnde Masken getragen werden.

Modernen") die moderne Malerei auf den Philippinen grundlegend. Seine Vision, philippinische Identität in die Moderne einfließen zu lassen, hatte Erfolg – um 1955 bestimmten seine Motive – Bettler, Jeepneys, Slumleben und Straßenszenen – die bildende Kunst des Landes. In den 60er und 70er Jahren dann versuchten junge Künstler wie *Ben Cabrera, Jaime de Guzman* und *Danilo Dalena* das erwachende politische Bewußtsein in naturalistische Themen umzusetzen.

Das erstarkende soziale und politische Interesse in der bildenden Kunst unserer Zeit drückt sich auch in der technischen Umsetzung und der Verwendung von Materialien aus. Die Grenzen zwischen Malerei und Bildhauerei sind fließend, Gebrauchsgegenstände des Alltags und der ethnischen Minderheiten sind neben Leinwand und Stein Bestandteile der Kunstwerke geworden.

Die Literatur prägte in vorkolonialer Zeit die Überlieferung von Mythen und Heldenepen; im 19. Jh. lehnten sich Dichter und Schriftsteller unter Führung von José Rizal revolutionär gegen die Dominanz des katholischen Klerus auf. Die Amerikanisierung der Gesellschaft setzte neue Maßstäbe, wobei die englische Sprache nun zum Medium der Literaten wurde, durch das sie die philippinische Intelligenz zu erreichen hofften. Besonders unter der von Marcos propagierten Idee der „Neuen Gesellschaft" bestimmten amerikanische Werte die philippinische Kulturpolitik. Schriftsteller wie *F. Sionil José, Gregorio Brillantes* oder *Nick Joaquin* widmeten sich gleichzeitig verstärkt den Anliegen des Volkes – zögerlich in der Nationalsprache Filipino.

Mit sozialkritischen Themen haben sich zeitgenössische philippinische Filmemacher einen Namen gemacht. *Lino Brocka* und *Kidlat Tahimik* erregten allerdings wie ihre erwähnten Schriftstellerkollegen mehr Aufsehen im Ausland als in der Heimat, wo die breite Masse lieber die aus Gewalt, Sex und Romanzen gemischte Unterhaltung nach amerikanischem TV-Vorbild konsumiert.

„Zurück zu den Wurzeln" ist vor allem das Motto zahlreicher Musiker. Dabei greifen sie mit Erfolg sowohl auf traditionelle Instrumente als auch auf alte Liedstrukturen wie das einst gegen die Spanier gerichtete *kundiman* zurück: ursprünglich ein sentimentales Liebeslied, das in Zeiten der Marcos-Diktatur sein Comeback als Protestgesang erlebte. Der bekannteste Vertreter dieses Genres ist der Pop- und Folksänger *Freddie Aguilar.* Internationale Beachtung finden auch Folkloregruppen wie *Filipinescas* oder *Bayanihan,* die die breite Palette der Volkstänze farbenprächtig und anmutig aufführen. Neben den rituellen Tänzen der Bergvölker des Nordens zeigen Bewegungen und Instrumente viele muslimische und europäische Einflüsse.

Fiesta – gelebte Multikultur

Nirgendwo zeigt sich die Vermischung kolonialer Einflüsse mit alten Traditionen so deutlich wie beim Festefeiern. Die Vorliebe der Einheimischen für Gesang und Tanz wußten die spanischen Mönche für ihre Missionsarbeit zu nutzen, indem sie die Freude am Feiern mit der Heiligenverehrung kombinierten. Jedes Dorf begeht neben den großen überregionalen Festen mindestens eine eigene Fiesta im Jahr, wobei das aufgestülpte religiöse Motiv oft nur die Ergänzung althergebrachten Brauchtums darstellt. Da ziehen die Männer in Scharen zum Hahnenkampf und versetzen nicht selten ihren letzten Wasserbüffel. Sogar aus dem Ausland reisen Verwandte zum großen Familientreffen an. Mancherorts finden Bootsregatten, Wasserbüffelrennen oder Tauziehen statt. Man kürt die schönste Maske, das beste Kostüm oder den farbenprächtigsten Jeepney. Der obligatorische Höhepunkt schließlich ist die Wahl der Schönheitskönigin.

Die philippinische Küche

Trotz vielerlei regionaler Unterschiede und Spezialitäten sind die kulinarischen Einflüsse aus Asien, aus Spanien und Mexiko, aus Ozeanien und natürlich aus den USA nicht zu leugnen. Philippinische Gerichte sind aber mild – wem also in Thailand oder Malaysia schon einmal der Gaumen brannte, kann hier beruhigt sein.

Nach der Sitte *Kamayan,* Essen mit den Fingern (ausschließlich der rechten Hand!), sind auch die Restaurants benannt, die diese Tradition pflegen. Hauptbestandteile einer guten Mahlzeit sind Reis und Fisch. Meeresfrüchte und Schalentiere sind teuerere Leckerbissen. Zu den Fischdelikatessen gehören *Lapu Lapu* (Barscharten), *Tuna* (Thunfisch) und *Tanguingue* (Spanische Makrele). Der letztgenannte wird gern als *Kinilaw* zubereitet: roh, kleingeschnitten und einige Stunden in Gewürzen und Limonensaft mariniert. Sehr gut schmeckt auch *Bangus,* gegrillter Milchfisch.

Fleisch vom Schwein und Rind wird unterschiedlich zubereitet. Ein Festtagsessen ist *Lechon,* Spanferkel, das knusprig gebraten und mit einer Sauce aus Schweineleber serviert wird. Innereien werden gebraten oder gekocht. In regionalen Varianten gilt *Adobo* als Nationalgericht: In Kokosessig – aus gegorenem Palmsaft gewonnen – marinierte Fleisch-, Geflügel- oder Fischstücke werden mit Knoblauch, Zwiebeln und, je nach Region, mit Sojasoße oder Kokosmilch gedünstet.

Zu den Spezialitäten gehören auch der spanisch beeinflußte *Arroz a la Paella, Lumpia*

Das Nationalgericht Adobo

Im Kamayan-Restaurant

Knuspriges Spanferkel (Lechon)

Figuren von Santo Niño sind heißbegehrt

Shanghai (Frühlingsröllchen), *Sinigang* (Fischsuppe), *Kare-Kare* (Ochsenschwanz mit Erdnußsoße) und *Pusit* (Tintenfisch). Hohe Anerkennung finden Fremde, die *Balut* probiert haben – das angebrütete, gekochte Entenei ist nicht jedermanns Geschmack, auf den Philippinen aber ein Leckerbissen, dem heilende und potenzfördernde Kräfte nachgesagt werden.

Die Chinesen steuerten zur Landesküche Nudelgerichte bei, während Spaghetti, Pizza, Sandwichs und Hamburger die westliche Fast-food-Kultur vertreten. Fast überall bekommen Sie ein *American Breakfast* mit Toast, Eiern und Speck. Warum aber probieren Sie nicht einmal ein *Filipino Breakfast?* Gebratener Reis, Fisch, Geflügelstückchen und/oder Spiegelei sind ebenfalls eine gute Stärkung für den Tag.

Reis ist auch mittags unersetzlich, Geflügel, Fleisch, Fisch und Gemüse als Beilagen variieren je nach Region. Eine *Merienda* ist ein Snack für zwischendurch. Zum Abendessen rundet frisch gekochter Reis mit Beilagen den Tag ab.

Das Nationalgetränk ist Wasser, das in den Städten dank chemischer Aufbereitung gut verträglich ist. Alternativen sind gutes einheimisches Bier und Soft Drinks. Frisch gepreßte Fruchtsäfte sind nicht überall erhältlich, meist gibt es nur Dosenware oder den in Wasser verdünnten Saft der vitaminreichen *Kalamasi* (Limonenart). Sehr gesund ist *Buko*, der Saft der jungen Kokosnuß.

Von den Spirituosen ist der einheimische Rum zu loben. Auf dem Land trinkt man gern Hausgemachtes: Zuckerrohrwein *(basi)*, Reiswein *(tapuy)*, Palmwein *(tuba)* und Palmschnaps *(lambanog)*. Tee ist auf den Philippinen Nebensache, dagegen ist Kaffee sehr populär, leider meist als Instantgetränk. Bessere Restaurants und zuweilen Marktstände servieren den *native coffee*, aufgebrühten Bohnenkaffee aus eigenen Landen.

Urlaub aktiv

Wer denkt bei diesem Thema nicht in erster Linie an Segeln, Surfen, Tauchen und Schwimmen? Doch auch zu Lande läßt sich so einiges erleben, beim Bergwandern und auf Urwaldmärschen, auf Golfplätzen und beim Höhlenabenteuer. Auch der Trend, mittels umstrittener Sportarten wie Mountain Biking, Paragliding oder Jetski-Fahren die letzten unberührten Winkel zu erkunden, breitet sich zunehmend von den Touristenzentren wie Cebu und Boracay aus. Und wem das alles zu hektisch ist, der kann sich auf einem Eiland aussetzen lassen, um wie Robinson das Fischen und Pflücken von Kokosnüssen zu erlernen.

Tauchen

Zahlreiche ausgezeichnete Tauchreviere locken im ganzen Archipel, die meisten im Gebiet der *Visayas*, um *Mindoro* und *Palawan*. Ein Tauchgang wird ab 20 US-$, ein viertägiger, international anerkannter Tauchkurs ab 270 US-$ angeboten, die Veranstalter stellen zuverlässige Ausrüstung. Ein Juwel in der Unterwasserwelt ist das unter UNESCO-Schutz gestellte *Tubbataha Reef* weit draußen in der hier realtiv sicheren Sulu-See, 100 Seemeilen von Puerto Princesa, Palawan, entfernt. Eine fünftägige Tauchfahrt dorthin kostet einschließlich Verpflegung und Unterkunft auf dem Boot ca. 600 US-$. Den besonderen Kick geben die vielen gesunkenen spanischen Galeonen und Schiffe aus beiden Weltkriegen. Für Wracktaucher sind der *Bacuit-Archipel* (s. S 88), die *Calamian-Inseln* (s. S. 88) und die *Subic Bay* (s. S. 43) gut erreichbare und lohnenswerte Ziele.

Subic Bay Aqua Sports, Bldg. 249, Waterfront Rd., Olongapo, ☏ 047/384 3005, FAX 384 2343.

Discovery Divers, Barangay 5, Coron Town, Palawan, ☏ 02/922 3233, FAX 922 9750.
Philippine Commission on Sports/ Scuba Diving, Ministry of Tourism, Rizal Park, Manila, ☏ 02/59 9031, FAX 50 1567, gibt Informationen zum Tauchsport und ggf. Adressen.

Segeln und Surfen

Die Gewässer um die Insel Panay sind während des Nordostmonsuns von Dezember bis Mai ein hervorragendes Segelrevier: Hier können Sie mit Hobie Cats oder flinken *Barotos,* den Auslegerbooten der Einheimischen, übers Meer flitzen (ab 100 P/Std., 500 P/Tag). Hier und in der Visayas-Region, von Manila, Mindoro und von Palawan aus besteht auch die Möglichkeit, mit größeren Jachten zur Walbeobachtung und Inselhüpfen zu gehen (ab 60 US-$ pro Tag und Person). Segeln in der südlichen Sulu-See könnte wegen gelegentlicher Piratenüberfälle zu einem gefährlichen Abenteuer werden. Für die echten Könner vor und hinter dem Mast stellt die 650-Meilen-Regatta Hongkong–Manila (South China Sea Race) alle zwei Jahre die große Herausforderung dar.

ℹ **Manila Yacht Club,** Roxas Blvd., Metro Manila, ☏ 02/521 4457.
Aquaventure Philippines Inc., Manila, ☏ 02/892 9830, FAX 813 1967.

Für diejenigen, die sich mit dem Surfbrett auf und in die Brandungswellen wagen wollen, sind einige der dem Pazifik zugewandten Küsten die richtige Adresse. Allerdings liegen diese Reviere wie der Fischerort *Baler,* das benachbarte *Cape Encanto* in der Provinz Aurora auf Nordluzon oder die Insel *Catanduanes* vor Bicolandia etwas abseits der Touristenrouten. Abenteuerlust zählt auf der Insel *Siargao* im Nordosten von Mindanao, wo 1995 erstmals auf über 3 m hohen Wellen eine internationale Meisterschaft ausgetragen wurde. Leichter haben es die Windsurfer, die schon ein paar Stunden

Hausgemachter Palmwein (tuba)

Unter Wasser hat der Archipel viel zu bieten

Wandern ist des Touristen Lust

südlich von Manila in *Anilao,* um *Puerto Galera* im Norden der Insel Mindoro und in den Touristenzentren der Visayas (Panay, Cebu) beste Bedingungen vorfinden. Auf der Ferieninsel *Boracay* wird sogar jährlich das asiatische Funboard Cup Festival ausgetragen. Surfbretter können Sie in jedem größeren Beach Resort an geeignetem Gewässer ausleihen.

Berge und Urwald

Sogar bis zum höchsten Punkt der Philippinen, auf den 2956 m hohen *Mount Apo* auf Mindanao, führt ein Kletterpfad. Auch aktive Vulkane wie der kleine *Taal* südlich von Manila, der prächtige *Mayon* bei Legazpi oder „das Dach der Visayas“, der *Kanlaon* auf Negros, locken Bergsteiger an. Auf Inseln wie Palawan, Mindoro und Luzon reizen urwaldbedeckte Bergmassive. Am Mt. Banahaw, ca. 150 km südlich von Manila (s. S. 40), überrascht nach schwierigem Aufstieg durch dichten Dschungel mit moosbehangenen Baumriesen und an hohen Wasserfällen vorbei die artenreiche Flora des Kraters. Auch für Vogelkundler ist dieser Berg ein Paradies. Eine bizarre Kulisse bietet das Gebiet um den *Pinatubo* nördlich von Manila, wo Ascheschlammlawinen *(lahar)* eine zerfurchte Mondlandschaft mit Canyons und Höhlen hinterlassen haben (s. S. 44, 46). Solche nicht einfachen Touren (ca. 400 P/Person) sollten wie alle Bergbesteigungen nur in der trockenen Jahreszeit und nie ohne erfahrenen Führer unternommen werden.

🛈 **Philippine National Mountaineering Association,** c/o Tours & Promotion, Philippine Airlines, 1500 Roxas Blvd., Metro Manila, ☏ 02/521 8821.

Golf

Zur Freude der Geschäftsreisenden und zum Ärger der auch auf den Philippinen wachsenden Naturschutzbewegung entstehen auf den Inseln jedes Jahr neue Golfplätze. Einige der exklusiven, landschaftlich reizvollen 18-Loch-Kurse liegen, integriert in luxuriöse Strandresorts, in Manilas Umgebung: in Punta Baluarte (Provinz Batangas) und Puerto Azul (Provinz Cavite). Zahlreiche Städte und Resorthotels selbst abgelegener Inseln erhoffen sich von einem Golfplatz höhere Besucherzahlen. Längst nicht alle Anlagen sind nur gutbetuchten Klubmitgliedern vorbehalten. Schon in Manila können Sie beispielsweise 18 Löcher rund um die Steinwälle von Intramuros bespielen, die Green Fee beträgt hier 1200 P, werktags wie sonntags, für einen Lehrgang bezahlen Sie 3500 bis 6600 P. Ausrüstung wird vermietet (🛈 Club Intramuros, Bonifacio Drive, Manila, ☏ 02/527 6612, FAX 527 6613). In Zamboanga (s. S. 81) können Sie noch günstiger golfen: ca. 800 P Monatsbeitrag, Green Fee ca. 500 P/Tag., die Wochenendgebühren sind geringfügig höher.

Höhlenforschen

Viele Höhlen sind noch gar nicht erkundet, hier warten also etliche Ersteinstiege auf mutige Speläologen. Häufig dienten die Höhlen den ansässigen Bewohnern als Begräbnisstätten, in einigen sucht man immer noch nach der millionenschweren Kriegsbeute des japanischen Generals Yamashita. Herrliche Tropfsteinformationen und unterirdische Flußsysteme finden Sie auf vielen Inseln.

Vor Leichtsinn sei aber nachdrücklich gewarnt! Die DOT-Büros (Tourist Offices) geben Ihnen Auskunft über den Schwierigkeitsgrad der bekannten Höhlen. Erfahrene Führer, die in den verzweigten, meist ungesicherten Höhlen unerläßlich sind, finden Sie vor Ort. Eine starke Taschenlampe und – für Fotografen – ein kräftiges Blitzlichtgerät mit Ersatzbatterien sind vonnöten, festes Schuhwerk, strapazierfähige Kleidung und eine Kopfbedeckung natürlich auch.

Unterkunft

Auf den Philipinnen gibt es folgende Hotelklassifizierung: *De Luxe* (5 Sterne), *First Class* (4 Sterne), *Standard* (3 Sterne) und *Economy* (1 und 2 Sterne). Resortanlagen verleiht die nationale Touristikbehörde die Gütesiegel: *AAA* (5 Sterne), *AA* (3–4 Sterne) und *A* (1–2 Sterne). Außerdem gibt es *Special Interest Resorts* (SIR), die Freizeit- und Sportaktivitäten (Tauchen, Naturbeobachtung, Wandern etc.) anbieten.

Wer nicht so viel Wert auf Komfort und Service legt, dem bieten die zahlreichen *Pensionen* und *Lodges* der Städte und Touristenzentren eine preisgünstige Alternative. Oft trägt gerade die familiäre Atmosphäre der kleinen Unterkünfte viel zum Reiseerlebnis bei. Schauen Sie sich aber die Zimmer vorher an und prüfen Sie Sauberkeit und Sicherheit (Fenster, Türschlösser, Nähe zum Notausgang).

Generell sind die Unterkunftspreise in Mittelklasse- und einfachen Hotels niedriger als in Westeuropa. Im vergleichsweise teuren Manila kann man das Doppelzimmer eines Standardhotels schon für 50–60 US-$ buchen, einfache Strandbungalows (Bett, Moskitonetz, Privat- oder Gemeinschafts-Bad/WC) gibt es bereits ab 6 US-$, ein Tag in einem AAA Resort kostet dagegen rund 100 US-$.

In den örtlichen Ferienzeiten (um Weihnachten, Chinesisches Neujahrsfest, ab Karwoche bis Ende Juni) kann es zuweilen schwierig sein, in beliebten Urlaubszielen in Strandhotels unterzukommen. Wer die großen Hotels in Manila über ein heimatliches Reisebüro bucht, spart meistens Geld. Grundsätzlich lohnt es sich, vor Ort zu handeln; wenn nicht gerade Hochsaison ist, sind selbst in sehr guten Hotels Nachlässe von bis zu 40 % möglich!

Reisewege und Verkehrsmittel

Anreise

Rund 16 Flugstunden sind die Philippinen von Europa entfernt. Direktverbindungen mit Manila bieten neben der nationalen Linie Philippine Airlines (PAL), LH, BA, Air France, Swissair, KLM und Alitalia an. Gute Umsteigeverbindungen mit Cathay Pacific, Singapore Airlines, Malaysia Airlines und Gulf Air. Nach Cebu (Mactan) fliegen Singapore Airlines (ab Singapur), Cathay Pacific (ab Hongkong), Japan Airlines (ab Tokio) und Malaysia Airlines (ab Kuala Lumpur). Die indonesische Bouraq fliegt zweimal wöchentlich von Manado (Sulawesi) nach Davao auf Mindanao.

Auf den Flughäfen von Manila, Mactan (Cebu) und Davao finden Sie Auskunftschalter für Hotelreservierung, Mietwagen und Busverbindungen.

Reisen im Land

Das größte **Inlandflugnetz** hat *Philippine Airlines* (PAL). In Verbindung mit einem PAL-Interkontinentalticket offeriert die Gesellschaft günstige Roundtrips im Land (❶ Philippine Airlines, Dreieichstr. 59, 60594 Frankfurt/M., ☏ 0 69/6 09 00 20, FAX 60 90 02 33). Daneben sind mehrere private Inlandslinien *(Pacific Airways, Soriano Aviation, Aerolift, Grand Air, Silangan Air, Cebu Air, Air Philippines)* vor allem auf den Touristenrouten nach Cebu, Boracay und Palawan im Einsatz. Vor Hauptreisezeiten wie zu Weihnachten, zu Ostern, den langen Schulferien (Karwoche bis Anfang Juni) ist rechtzeitige Reservierung sehr zu empfehlen. Inlandflüge müssen mindestens 48 Stunden vor Reiseantritt rückbestätigt werden.

Schiffe: Verschiedene Reedereien unterhalten einen regen Fährverkehr von Manila und Cebu zu größeren Inseln. *Aboitiz Lines, Negros Navigation, Sulpicio Lines* und *William Lines* gehören zu den Schiffahrtsunternehmen, die bei der Buchung der ersten Klasse und bei gutem Wetter recht komfortables Reisen ermöglichen (Manila–Iloilo auf Panay ca. 24 Std., rund 30 US-$). Kürzere Strecken bedienen motorisierte Auslegerboote *(Banca, Pumpboat)*. An den Piers der Küstenorte können Sie sich nach den Abfahrtszeiten erkundigen und auch Boote mieten (Charter).

Auf allen größeren Inseln fahren Expreß- und Regular-**Busse** im Nah- und Fernverkehr. Auf Luzon werden auf allen längeren Strecken auch klimatisierte Busse eingesetzt. In größeren Orten sind meist mehrere Busterminals nach Fahrtrichtungen im Stadtgebiet verteilt, Fahrkarten werden entweder dort oder im Bus verkauft.

Die Philippine National Railway unterhält als einzige **Eisenbahnverbindung** die Strecke Manila (Paco Terminal) – Polangui (40 km vor Legazpi). Bis Naga fährt ein klimatisierter Touristenzug (14 Std; ca. 15 DM). Der unbequemere Normalzug (Economy Class) ist langsamer, fährt aber bis Polangui. Als Alternative zur Flug- bzw. Busreise ist eine Bahnfahrt eigentlich nur Eisenbahnfans zu empfehlen.

Den öffentlichen Nahverkehr bestreiten **Jeepneys** und **Tricycles.** Erstere sind Sammeltaxis, Kleinbusse und Transporter in einem – und auf jeden Fall ungemein populär! Wo sie nicht mehr durchkommen, knattern die ebenfalls bunt verzierten Tricycles, Motorräder mit angebauter Passagierkabine, durch das Gelände. In beiden Fahrzeugen reist man beengt, aber billig; wo keine festen Tarife verlangt werden, muß der Fahrpreis ausgehandelt werden.

Mietwagen: In Großstädten und in Touristenzentren sind bekannte Firmen wie Avis und Hertz vertreten. In kleineren Orten gibt es private Autoverleiher, die manchmal auch Motorräder vermieten. Der Tagessatz beginnt bei lokalen Anbietern bei etwa 70 US-$. Mindestalter: 18 Jahre; nationaler Führerschein genügt. Bei lokalen Anbietern sollten Sie ggf. eine Zusatzversicherung abschließen. Viel einfacher und entspannter reist es sich allerdings in einem Wagen mit Fahrer, für den Sie zusätzlich mit rund 10 US-$ pro Tag rechnen müssen.

Taxis fahren in Manila, Davao, Cebu City und Iloilo City mit Taxameter. Der Grundpreis der größtenteils klimatisierten Wagen liegt in Manila und anderen Großstädten bei derzeit ca. 16 P. Allerdings ziehen viele Fahrer auf längeren Strecken eine Pauschale vor, wobei sie mit sich handeln lassen.

Lebensgefühl auf Rädern

Geschmückt wie ein Weihnachtsbaum, bis übers Dach bepackt, Dieselqualm als Schleppe. Seit über fünfzig Jahren dröhnen sie über Stock und Stein: die Jeepneys. Nach Ende des Zweiten Weltkrieges hatten die Amerikaner Zigtausende ihrer Militärjeeps auf den Inseln gelassen. Sofort kreierten – Not macht erfinderisch – die Filipinos das bis heute beliebte Massentransportmittel und Wahrzeichen des Landes.

Aus wenig viel machen, Schrott mit Leben erfüllen, das war die Maxime: Das Fahrgestell um zwei Meter verlängern, in Längsrichtung zwei Sitzbänke und über alles ein Dach bauen. Doch zum Jeepney wird das Gefährt erst durch das Beiwerk. Ein Gemisch aus südostasiatischer Lebensfreude, tiefer Frömmigkeit und einem den Amerikanern abgeguckten Hang zum Protzen dominiert beim „Frisieren" des Jeeps. Grelle Farben, Glimmer und Firlefanz machen das Fahrzeug gesellschaftsfähig. Handarbeit ist Trumpf. Rund um den mittlerweile japanischen Motor wird geschweißt, geschraubt und gehämmert. Wie ein Altar ist die Kühlerhaube verziert. Scheinwerfer und Spiegel blitzen, Pferdchen und Hähne aus Aluminium wippen, beides Symbole für Manneskraft und Wohlstand. Die bemalten Seitenflächen erzählen von den Träumen und den Sehnsüchten des Eigentümers. Mehr oder weniger gelungen zeigen sie Bilder von fernen Ländern, von Jesus und den Heiligen, von Supermann und -frau.

Der Blick des Fahrers auf den Verkehr ist dagegen eher eingeengt. Bunte Girlanden, Gardinen und Gebetsaufkleber rahmen das Frontfenster ein. Zum Sehschlitz wird es vollends, wenn Musikkassetten davor gestapelt sind. Die Stereoboxen, unter den Bänken installiert, lassen die Sitzmuskeln vibrieren und sind, neben der fleißg betätigten Mehrklanghupe, die beste Werbetrommel. Denn nur vollbesetzt, mit Hühnern, Schweinen und Fischkisten beladen, fährt ein Jeepney die Pesos ein. Die Konkurrenz folgt, zumindest in den Städten, im Minutentakt. Allein in der Hauptstadt Manila sind mindestens 60 000 der verrückten Vehikel täglich unterwegs.

*Manila

Magnet für Millionen

Seite 33

Schnell erkannten die spanischen Eroberer den strategischen Wert der Malaiensiedlung an der Mündung des Flusses Pasig ins Südchinesische Meer. Seiner Lage an einem der besten Naturhäfen der Welt verdankt das unumstrittene Zentrum des philippinischen Inselreiches, daß es heute zu den pulsierenden Metropolen Asiens zählt. Manila wächst mit rasanter Geschwindigkeit, Verkehrs- und Sozialprobleme, Lärm und Schmutz nehmen entsprechend zu. Dennoch bietet die Stadt den Besuchern Abwechslung und Annehmlichkeiten einer modernen Großstadt, die vor oder nach einer Reise in die Provinz sehr willkommen sein können. Zwei, drei Tage sollten Sie der Hauptstadt und ihren zahlreichen Sehenswürdigkeiten widmen.

Nach der Eroberung der Palisadenfestung *May Nilad* („Wo es blühende Wasserpflanzen gibt") des Raja Sulayman hatte der Eroberer Miguel Lopez de Legazpi 1571 den jahrhundertealten Handelsstützpunkt der spanischen Kolonie einverleibt. Als Bastion des Katholizismus in Südostasien wurde *Intramuros* („Stadt innerhalb der Mauern") errichtet und gegen Angriffe von Muslimen, aber auch Portugiesen und Holländern verteidigt. Während des Siebenjährigen Krieges hielten die Engländer die Stadt zwei Jahre lang besetzt.

Die strenge Herrschaft der spanischen Klerikalkolonie führte immer wieder zu Revolten bei den Filipinos. Mit der Aufgabe des Galeonen-Monopols, das den Spaniern ein halbes Jahrhundert lang einen lukrativen Handel mit Mexiko ermöglicht hatte, mußte sich die Stadt am Pasig ab 1815 dem freien Handel öffnen. Die fortan engeren Beziehungen zu Europa brachten auch das Ideal von Selbstbestimmung und Unabhängigkeit in die Kolonie. Berühmte Freiheitskämpfer wie Dr. José Rizal, Andres Bonifacio und Emilio Aguinaldo konnten in Manila ihre erste Anhängerschaft finden.

Nach dem Ende der spanischen Herrschaft 1898 wuchs unter den Amerikanern Manilas Bedeutung als Wirtschafts- und Kulturzentrum. Die schlimme Zeit unter der japanischen Besatzung während des Zweiten Weltkrieges gipfelte Anfang 1945 in der Schlacht um Manila, der über 90 % der Stadt und ein großer Teil der Zivilbevölkerung zum Opfer fielen.

Nach der Unabhängigkeit 1946 und dem Wiederaufbau zog die Stadt Millionen von Menschen an. Zum nominellen Regierungssitz wurde von 1948 bis 1975 Quezon City ernannt. 1976 ordnete Präsident Marcos die Zusammenlegung mehrerer umliegender Gemeinden mit alten und neuen Stadtbezirken an. In diesem 636 km² großen Gebiet, kurz Metro Manila genannt, drängen sich heute rund 10 Mio. Menschen aus allen Teilen des Landes. Die Widersprüche könnten größer nicht sein: Da genießen einige Tausend ihren unvorstellbaren Reichtum in abgeschirmten Villenvierteln, die Angehörigen der nur langsam wachsenden Mittelschicht wohnen mit bescheidenem Komfort im abgasverhangenen Zentrum („Manila Proper") oder in den Vororten. Jeder zweite Hauptstädter aber versucht einfach zu überleben – in Slums, unter Brücken, auf Eisenbahnschienen, auf der Straße.

Rund um den Rizal Park

Der großzügig angelegte Park am Nordende des breiten *Roxas Boulevard*, im Volksmund auch *Luneta* genannt, wurde wie zahlreiche öffentliche Gebäude in den 30er Jahren vom amerikanischen Städteplaner David Burnham angelegt. Heute ist er beliebtes Ziel der Manileños für die sonntägliche Promenade, die sie auch zu einem Besuch des *Japanischen* und *Chinesischen Gartens* oder des *Planetariums* an der Nordseite nutzen. Am Westrand erinnert das *Rizal-Monument* an den Nationalhelden, der hier 1896 hingerichtet wurde. Ein kleinerer Obelisk dahinter gedenkt der drei Priester, die hier ebenfalls den Tod fanden (s. S 18).

Im noblen Manila Hotel

Seite 33

Im Nordwesten fällt der hohe Anbau des 1912 eröffneten **Manila Hotel** ins Auge. In dem noblen Haus hat schon so mancher berühmte Gast genächtigt, aber auch weniger gutbetuchte Besucher können bei einem Drink oder Kaffee das prachtvolle Kolonialambiente genießen.

Zugang nach Intramuros

Im Osten wird der Park von drei neoklassizistischen Gebäuden begrenzt: Zwischen dem *Department of Tourism* und dem *Department of Finance* ziehen am Agrifina Circle Rollschuhläufer spätnachmittags und abends ihre Bahnen um einen Springbrunnen in Form der Erdkugel; hinter dem Finanzministerium liegt das eindrucksvolle *Executive House*, in dem die Sammlungen des * **National Museum** ❶ Aufnahme fanden: interessante Kunstwerke und prähistorische Funde, darunter Grabbeigaben und Skelettreste aus den Tabon-Höhlen auf Palawan (🕓 Di–Sa 9–12, 13–17 Uhr). Weiter gen Norden ragt der weithin sichtbare sechseckige Turm der **City Hall** auf.

* Intramuros

Hinter wuchtigen, zum Teil restaurierten Wällen erstreckt sich, was vom historischen Kern Manilas erhalten ist. Mit der Außenwelt war die Machtzentrale durch insgesamt sieben Tore verbunden. Das passende Fahrzeug für die

Im Casa Manila

Besichtigung ist eine der *kalesas*, von den Spaniern eingeführte, bunt bemalte Pferdekutschen, die schon am Rizal Park oder innerhalb von Intramuros auf Kundschaft warten. Sie betreten das Stadtviertel durch die *Puerta Real.* Zwei Straßenblöcke weiter an der General Luna Street erhebt sich ***San Augustin** ❷ mit dem angegliederten Konvent, das eine Bibliothek und ein Museum mit Sakralkunst beherbergt (🕓 tgl. 9–12, 13–17 Uhr). Die Innengemälde der 1599 aus Stein erbauten Kirche wurden im Trompe-l'oeil-Stil aufgetragen, Chorgestühl und Kanzel sind aus edlem Molaveholz geschnitzt. Neben anderen bedeutenden Bürgern der Stadt fanden hier Legazpi und sein Enkel, Juan de Salcedo, ihre letzte Ruhestätte.

Seite 33

Der **Barrio San Luis Complex** ❸ gegenüber vermittelt Ihnen mit seinen liebevoll restaurierten Geschäften und Wohnhäusern einen Eindruck vom Leben der Kolonialelite – hier sitzt es sich schön in einem Café oder Restaurant. Wie es in den Häusern aussah, zeigt das *Casa Manila Museum* mit Kleidung und Mobiliar einer reichen spanischen Familie des 19. Jhs. (🕓 Di–So 9–12, 13–18 Uhr.)

Die 1581 erbaute mächtige ***Manila Cathedral** ❹ an der *Plaza Roma* verkörpert eindrucksvoll die Bedeutung der katholischen Kirche. Sie wurde 1959 als einzige der zwölf Kirchen in Intramuros wieder vollständig restauriert. An der Fassade wachen die Schutzheiligen über ihre Stadt. Neben den Glasfenstern und Mosaiken aus Ravenna ist die Orgel – mit 4500 Pfeifen die größte Asiens – beachtenswert.

Das **Fort Santiago** ❺ in der Nordwestecke beherbergte das militärische Hauptquartier der Kolonialmacht. Der *Rizal Shrine,* der restaurierte und als Museum eingerichtete ehemalige Zellenbau, ist dem Nationalhelden José Rizal gewidmet, der hier seine letzten Stunden verbrachte (🕓 tgl. 9–12, 13–17 Uhr, Mo, Fr geschl.).

Nördlich des Pasig

Wenige Schritte nördlich der *MacArthur Bridge* erhebt sich die ***Santa Cruz Church** ❻, 1608 von Jesuiten erbaut und nach 1945 originalgetreu rekonstruiert. Die *Jones Bridge* führt direkt in die ***Chinatown.** Drei farbige Freundschaftstore markieren heute die Grenzen des alten Dorfes, das schon vor der Gründung von Intramuros bestand. Hier finden Sie inmitten quirliger Betriebsamkeit viele Geschäfte und z. B. in der *Ongpin Street* die besten chinesischen Restaurants von Manila.

Auf einem der großen Märkte Manilas, dem **Divisoria Market** ❼, können Sie täglich Lebensmittel, Kochgeschirr, Kleider und vieles andere preiswert erstehen. Ein paar hundert Meter nördlich liegt in der Narra Street eine Oase der Ruhe im weltlichen Verkehrsgewühl: der buddhistische **Seng Guan Temple** ❽, auch „Tempel der Zehntausend Buddhas" genannt.

Östlich der Chinatown, jenseits der Rizal Avenue, erstreckt sich das Stadtviertel *Quiapo.* Landesweit bekannt ist die auch als „Kirche des Schwarzen Nazareners" verehrte ***Quiapo Church** ❾ von 1899. Jeden Freitag und ganz besonders am Karfreitag strömen Scharen von Pilgern hierher, um die Christusstatue aus schwarzem Holz anzubeten. Ein Indio soll sie in Mexiko geschnitzt haben, bevor sie zu Beginn des 19. Jhs.

❶ National Museum
❷ San Augustin
❸ Barrio San Luis Complex
❹ Manila Cathedral
❺ Fort Santiago
❻ Santa Cruz
❼ Divisoria Market
❽ Seng Guan Temple
❾ Quiapo Church
❿ Malacañang Palace
⓫ Malate Church
⓬ Cultural Center of the Philippines
⓭ Coconut Palace

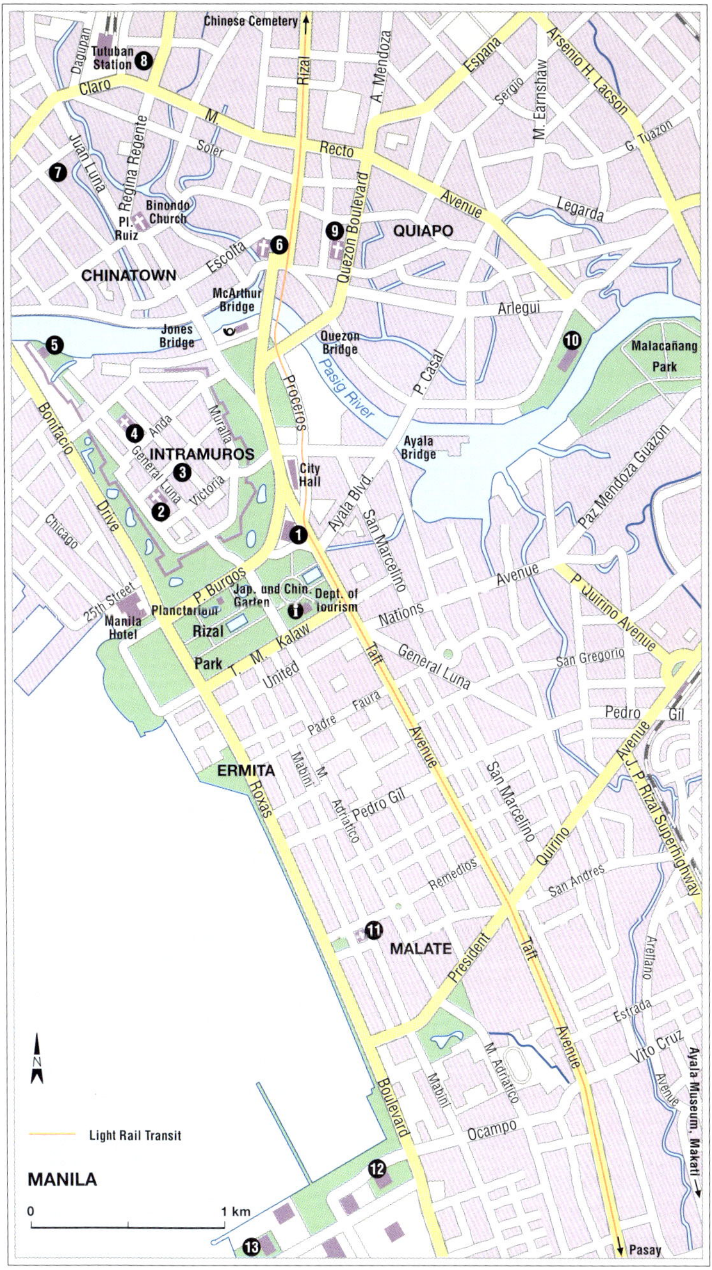
Chinese Cemetery
Tutuban Station
Dagupan
Claro
M.
Recto
Avenue
Soler
Rizal
A. Mendoza
Espana
Sergio
M. Earnshaw
Arsenio H. Lacson
G. Tuazon
Legarda
Juan Luna
Regina Regente
Binondo Church
Pl. Ruiz
Quezon Boulevard
QUIAPO
CHINATOWN
Escolta
McArthur Bridge
Jones Bridge
Arlegui
Quezon Bridge
Pasig River
P. Casal
Malacañang Park
Proceros
Bonifacio
Anda
Muralla
INTRAMUROS
General Luna
Victoria
City Hall
Ayala Bridge
Ayala Blvd.
San Marcelino
Paz Mendoza Guazon
Chicago
Drive
Avenue
P. Quirino Avenue
25th Street
Manila Hotel
Planetarium
P. Burgos
Jap. und Chin. Garten
Dept. of Tourism
Nations
Rizal
Park
T. M. Kalaw
United
General Luna
San Gregorio
Taft
Faura
Padre
Pedro Gil
Avenue
ERMITA
Roxas
Mabini
M.
Adriatico
Pedro Gil
San Marcelino
Quirino
J. P. Rizal Superhighway
Remedios
San Andres
MALATE
President
Taft
Arellano
Estrada
Vito Cruz
Avenue
Ayala Museum, Makati
M. Adriatico
Mabini
Ocampo
Boulevard
Avenue
Pasay
Light Rail Transit
MANILA
0
1 km

nach Manila kam. Mehr als turbulent ist es hier am 9. Januar, wenn eine Prozession durch Straßen von Quiapo wogt, und Tausende von meist männlichen Gläubigen versuchen, die angeblich wundertätige Figur zu berühren.

Seite 33

5 km nördlich des Zentrums liegt der * **Chinese Cemetery.** Halten Sie ein Taxi an oder steigen Sie in der Rizal Avenue in die Metrorail oder LRT (Light Rail Transit), Manilas Hochbahn, und fahren bis zur Abad Santos Station. Durch das South Gate betreten Sie den Friedhof, eine kleine Stadt für sich. Entlang der Straßenzüge reihen sich auf 40 ha Fläche Mausoleen und prachtvolle Gräber aneinander.

Im Stadtteil *San Miguel* liegt inmitten eines friedlichen Parks direkt am Pasig der * **Malacañang Palace** ⑩, offizieller Amtssitz des philippinischen Präsidenten. Einen Teil des prächtigen, 1802 erbauten Gebäudes erklärte Präsidentin Cory Aquino 1986 zum Museum. Es zeigt Kleider, Mobiliar und diverse andere Gegenstände von Imelda und Ferdinand Marcos – darunter die berühmte Schuhsammlung –, aber auch erlesene Kunstwerke (🕓 geführte Kleingruppen Mo, Di 9–12, 13–15 Uhr; Do, Fr 9–12 Uhr; Zutritt ohne Führung: Mi 9–12, 13–15 Uhr, Do, Fr 13–15 Uhr).

Ermita und Malate

In den 70er Jahren wurden die beiden ehemals vornehmen Wohngegenden südlich des Rizal Park zu Touristenvierteln ausgebaut. Zahlreiche Hotels, Pensionen, Restaurants und Souvenirgeschäfte, Apartment- und Bürohochhäuser säumen seitdem den achtspurigen Roxas Boulevard und seine Parallelstraßen. Ermita galt aber auch zwei Jahrzehnte lang als eines der berüchtigsten Rotlichtviertel Südostasiens – bis 1993 Manilas Bürgermeister die der Prostitution verdächtigen Etablissements räumen ließ. Heute finden Nachtschwärmer hier Biergärten, Diskos, Restaurants (vor allem in der Adriatico St.) und Pubs mit Live-Musik.

In Malate lenkt die nach 1945 im spanisch-mexikanischen Mischstil wiederaufgebaute **Malate Church** ⑪ die Aufmerksamkeit auf sich. Im 18. Jh. aus den Resten einer damals 200 Jahre alten Kapelle errichtet, ist sie eines der ältesten Gotteshäuser der Stadt. Etwas weiter südlich thront als mächtiger Betonklotz das * **Cultural Center of the Philippines (CCP)** ⑫ an der Manila Bay. 1969 vom Architekten Leandro Locsin entworfen, symbolisiert das Bauwerk die neue Entwicklung, die Ex-Präsident Marcos und seine Frau Imelda einläuten wollten. Hier finden Sie die Philippine Opera, ein Ballett und ein Symphonieorchester unter einem Dach. Ins Kulturzentrum integriert sind eine Bibliothek und das * **Museo ng Kalinangang Pilipino,** das Museum der Philippinischen Kultur, mit einer sehenswerten Ausstellung zu den ethnischen Minderheiten (🕓 tgl. 9–17 Uhr). Dahinter wurde dem Meer ein Stück Land abgerungen, auf dem heute u. a. das *Philippine Convention Center (PICC)* und das *Philippine Center for International Trade and Exhibition (PHILCITE)* stehen. Beeindruckend ist der benachbarte **Coconut Palace** ⑬, ein aus Holz- und Kokospalmmaterialien errichtetes Prachtgebäude. Der 1981 als „Gästehaus" für Papst Johannes Paul II. errichtete Palast dient inzwischen als *Museum für traditionelle Architektur und Handwerkskunst* (🕓 Di–So 9–11, 13–16 Uhr, geführte Touren alle 30 Minuten).

Makati und Pasay

Einige Kilometer östlich der Manila Bay ragen die Hochhäuser von Makati, dem Banken- und Wirtschaftszentrum des Landes, empor, vom Roxas Boulevard über Sen. Gil Puyat Avenue oder die südlichere Epifanio de los Santos Avenue (EDSA) relativ schnell zu erreichen. Die **EDSA** war das Zentrum der *People's Power*-Bewegung 1986. An der Hauptachse Ayala Avenue und ihren breiten Nebenstraßen sind Botschaften, Firmen und Luxushotels angesiedelt. Kulturell interessant und erholsam ist ein Besuch des * **Ayala Museum** mit wertvollen Sammlungen zu Kunst, Geschichte und Ethnographie, Bootsmodellen, einem Vogelgehege und kleinem Park (🕓 Di–So, 9 bis 17.30 Uhr).

Im südwestlich an Makati grenzenden Stadtteil **Pasay** können Sie sich nahe des Internationalen Flughafens im **Nayong Pilipino Complex** einen guten Überblick über die kulturelle und topographische Vielfalt des Landes verschaffen. Hier finden Sie auf 13 ha unter anderem originalgetreue Nachbauten verschiedener Hausformen und berühmter Landschaften. Das angegliederte **Philippine Museum of Ethnology** zeigt Kunst und Lebensweise der kulturellen Minderheiten. (🕓 Mo–Fr 9 bis 18 Uhr, Sa, So 9–19 Uhr.)

Die Kirche von Malate

Mausoleum im Chinesischen Friedhof

Seite 33

Praktische Hinweise

Vorwahl 02

Department of Tourism (DOT), Agrifina Circle, Rizal Park, ☎ 599 031, FAX 508 321. Schalter (mit Zimmerreservierung) am International Airport.

People's Power

Die Präsidentschaftswahlen vom 7. Februar 1986 sollten Weltgeschichte machen. Eine Frau, die Witwe des 1983 ermordeten Oppositionsführers Benigno Aquino, tritt gegen den abgebrühten Diktator Ferdinand Marcos an. Das ausgeplünderte, ungeduldige Volk und die Kirche stehen vereint hinter ihr. Cory Aquino verbucht zwei Drittel der Stimmen für sich. Als sich Marcos dennoch zum Wahlsieger erklärt, strömen die empörten Menschen zu Hunderttausenden auf die Straßen, internationale Beobachter bestätigen den massiven Wahlbetrug. Teile der Truppen folgen Verteidigungsminister Enrile und Vize-Stabschef Ramos, die sich der Opposition anschließen. Marcos fordert die Abtrünnigen zur Kapitulation auf. Jetzt greifen die Massen ein. Mit Blumen und Gebeten schützen sie auf der EDSA (s. S. 34) die mit Aquino sympathisierenden Soldaten. „People's Power – wir sind das Volk!"

Cory Aquino wird als Präsidentin vereidigt. Die Amerikaner, die Marcos um militärische Hilfe bittet, schicken stattdessen ein Flugzeug, das ihn, seine Familie und Günstlinge ins Exil nach Hawaii bringt.

Die Filipinos haben in wenigen Tagen die Macht des Volkes kennengelernt. Die Demokratie zu leben, ihre Regeln zu akzeptieren, wird eine weitaus schwierigere Aufgabe sein.

Seite 33

Philippine Convention & Visitors Corporation (PCVC), 4th Floor, Legazpi Towers 300, Roxas Blvd., ☎ 575 031, FAX 521 6165.

✈ **Ninoy Aquino International Airport (NAIA),** 7 km südlich der Innenstadt. In 1 km Entfernung vom NAIA liegt der **Domestic Airport.** Für die im NAIA-Ankunftsbereich zugelassenen, teuren klimatisierten Taxis können Sie Coupons an einem Schalter kaufen. Billiger sind reguläre Taxis, die eine Etage höher (Treppe außerhalb des Terminals) abfliegende Passagiere absetzen und zurück in die Stadt fahren. (Regulärer Taxameter-Tarif z. B. nach Ermita ca. 80–100 P). Bitten Sie den Fahrer, den Taxameter einzuschalten. Weigert er sich, sollten Sie einen akzeptablen Preis aushandeln oder gleich das Taxi wechseln. Langwierig und mit Gepäck sehr umständlich ist der Jeepney-Transfer in die Stadt (3 P) und die Fahrt mit der Metrorail-Hochbahn (großes Gepäck verboten).

Zwischen NAIA und Domestic Airport verkehren Taxis, die zwischen 20 P (Taxameter) und 100 P (ausgehandelter Preis – merkwürdig oft ist der Taxameter „kaputt"!) kosten. Wer keinen Ärger mit Taxifahrern haben möchte, kann auf den Shuttle-Bus der Philippine Airlines (PAL) ausweichen, der für PAL-Passagiere kostenlos ist, für alle anderen rund 40 P kostet; Schalter außerhalb der Ankunftshalle.

Für die Fahrt vom Domestic Airport in die Stadt wollen die Taxifahrer häufig einen Pauschalpreis – z. B. nach Ermita ca. 100 P – aushandeln (mit Taxameter ca. 60 P). Zubringerbusse bzw. -limousinen der großen Hotels bedienen ebenfalls bei rechtzeitiger Anmeldung die beiden Flughäfen.

🚌 Die Stadtbusse von Metro Manila sind in der Mehrzahl eng und laut. Sie verkehren auf zahlreichen Routen im Zentrum und in den Vororten, die Endstation ist außen an den Seiten und über der Windschutzscheibe angezeigt. Für Touristen empfehlenswert ist der klimatisierte *Love Bus* (blau mit aufgemaltem roten Herzen), der z. B. für 15 P von Escolta über Chinatown (Binondo), Ermita (M. H. del Pilar St.) nach Makati (Ayala Av.) fährt. Busterminals nach Süd- und Nordluzon sind übers ganze Stadtgebiet verteilt.

🚆 Die Bahnlinie zwischen Manila und Südluzon verkehrt von/nach *Paco Terminal* an der Plaza Dilao, Pres. Quirino Ave. Auf der nördlichen Fortsetzung der Strecke (bis Caloocan) fahren nur unregelmäßige Vorortzüge.

Die innerstädtische *LRT (Light Rail Train)* oder *Metrorail* fährt auf einer hochgelegten Trasse zwischen Caloocan (North Terminal/Monumento) und Pasay (South Terminal/Baclaran), tgl. zwischen 5.30 und 22.30 Uhr (außer am Karfreitag) in schneller Folge; 15 Haltestationen, Einheitspreis 6 P. Als Fahrkarte dienen an einem Schalter verkaufte Spezialmünzen *(token coins)*, die in das automatische Drehkreuz vor dem Bahnsteig geworfen werden. Abgesehen von den Stoßzeiten (7–9, 16–18 Uhr) ist die Fahrt eine gute, weil zügigere Alternative zu Jeepney, Bus und sogar Taxi.

⛴ Große Fährschiffe zu anderen Inseln (Visayas, Mindanao) legen im North Harbour ab und an. Ausflugsfahrten nach Corregidor Island ab Ferry Terminal beim CCP ⓬ (s. S. 34).

Hotels

The Manila Hotel, Rizal Park, Ermita, ☎ 527 0011, FAX 527 0022. Die Grande Dame unter den Hotels der Stadt mit kolonial-nostalgischer Atmosphäre. $$$

The Peninsula Manila, Makati/Ayala Aves., Makati, ☎ 812 3456, FAX 815 4825. De-Luxe-Hotel in bester Lage in Manilas Finanzviertel. $$$

New World Hotel, Esperanza St./ Makati Ave., Makati, ☎ 811 6888, FAX 811 6777. Ein neues Haus mit über 600 Zimmern (auch für Behinderte). $$$

Holiday Inn Manila Pavillon, United Nations Ave., Ermita, ☎ 522 2911,

FAX 522 3531. Der Turmbau in zentraler Lage bietet eine gute Aussicht über Intramuros, Rizal Park, Hafen und bis nach Makati. $$

Palm Plaza Hotel, Pedro Gil/Adriatico Sts., ☎ 521 3502, FAX 508 384. Neues Hotel in zentraler Lage. $$

Pension Natividad, 1690 M. H. del Pilar St., Malate, ☎ 521 0524, FAX 522 3759. Gepflegte Zimmer, zuverlässiges Management. $

Malate Pensionne, 1771 Adriatico St., Malate, ☎ 596 671, FAX 597 119. Saubere, sichere Unterkunft mit gutem Restaurant. $

Die EDSA

Seite 33

Ⓡ Restaurants

Muralla, San Luis Complex, General Luna St., Intramuros. Das ehrwürdige Gemäuer ist der passende Rahmen beim Verzehr exquisiter spanischer und philippinischer Gerichte. $$

Makati – Banken- und Wirtschaftszentrum Manilas

Seafood Market, J. Bocobo St., Ermita (Filiale Makati Ave., Makati). Sie suchen sich ihre Leckerbissen selbst aus, die dann nach Wunsch zubereitet werden. $$

Café Adriatico, Adriatico St./Remedios Circle, Malate. Steaks, Fisch, Salate u. a. köstliche Speisen, Musik von Vivaldi und Gäste der Upper Class. $$

Barrio Fiesta, J. Bocobo St., Ermita. Filiale einer landesweit vertretenen (auch in Makati Ave., Makati) Restaurantkette. Ausgezeichnete traditionelle Filipino-Küche. $$

Kamayan Restaurant, Padre Faura St., Ermita (auch 47 Pasay Rd., Makati). Hier wird Landesküche per Hand gegessen. $$

Hobbit House, Mabini St., Malate. Außer mexikanischen und anderen Gerichten gibt es allabendlich gute Folk-Musik live zu hören. Bedient werden Sie von zwergwüchsigen Kellnern und -innen. $$

Pink Patio, Quintin Paredes St., Chinatown. Außer exzellenter chinesischer Küche serviert man guten Kaffee. $

Route 1

Seite 40

Zentralluzon – zwischen Meeren und Vulkanen

Las Piñas – ** Taal-See – Nasugbu – Batangas City (– * Mindoro) – San Pablo – Calamba – * Los Baños – Santa Cruz – Paete – Cardona – Antipolo (370 km)

Fruchtbarer Lavaboden, Fischreichtum und zahlreiche geschützte Buchten an der Küste zogen südostasiatische und europäische Einwanderer gleichermaßen an. Mit der Unabhängigkeitsbewegung des vergangenen Jahrhunderts formierte sich in Städtchen wie Calamba, Heimat des Nationalhelden José Rizal, der Widerstand gegen die Spanier besonders stark. Eine mindestens viertägige Rundreise mit Überlandbus oder Mietwagen verbindet kulturgeschichtliche Stätten mit faszinierender Szenerie aus Vulkanen, Seen und Meer, pittoresker Provinzatmosphäre und Einblicken in die vielseitige Nutzung der Region.

In **Las Piñas,** dem südlichsten Vorort von Manila, erwartet Sie eine musikalische Sensation: Die ** **Bambusorgel** ist weltweit die einzige ihrer Art. Sie können sie in der Kirche San José, direkt am Highway nach Cavite, besichtigen (🕓 Mo–Sa 14–16 Uhr, So 8 bis 12 Uhr), während der Gottesdienste auch hören. Weniger sanfte Klänge machen, ca. 3 km weiter südlich, auf die zweite Sehenswürdigkeit des Ortes aufmerksam: In der **Jeepney-Fabrik Sarao** und anderen Familienbetrieben der Gegend entstehen die poppigen, landesweit eingesetzten Sammeltaxis (s. S. 29). Hier wird wochentags emsig gehämmert, geschweißt und gemalt. Nach Anmeldung am Tor läßt man Sie gern zuschauen.

Spätestens in **Tagaytay,** 60 km, wird klar, warum die Gegend mit Fruchtbarkeit gesegnet ist: Das Städtchen liegt 700 m über dem Meeresspiegel am Rand eines riesigen Kratersees, der vor vielen tausend Jahren nach einer gewaltigen Vulkaneruption entstanden sein soll. Restaurants, Picknickplätze und Lodges laden rund um den See zur Rast ein. Die einzigartige Kulisse, die sich bis zu den Bergen der Insel Mindoro am südlichen Horizont fortsetzt, ist eine spannende Abfolge von Land und Wasser. Im 270 km² großen ** **Taal-See** erhebt sich eine Insel – der knapp 400 m hohe **Taal-Vulkan.** Er gilt als einer der kleinsten und gefährlichsten Feuerberge der Welt. Der nordwestliche seiner beiden Krater gilt als erloschen, friedlich schimmert nun sein kleiner See, in dem sich ein Inselchen gebildet hat. Weiterhin unberechenbar ist allerdings der südwestliche Krater. Wer den Taal besteigen will, kann sich mit Booten von den Dörfern **Talisay** oder **Laurel** aus übersetzen lassen.

Ⓗ **Taal Vista Hotel,** Aguinaldo Highway, ☎ 0963/223, FAX 225 (oder Manila, ☎ 02/810 2016, FAX 817 2710). Gutes Restaurant, schöne Aussicht, hin und wieder Folkloretänze vor der Vulkanlandschaft. $$

Taal Lake Guest House, Leynes (zwischen Tagaytay und Talisay). Einfache, saubere Unterkunft mit Restaurant. Günstig gelegen, wenn Sie zum See und auf den Vulkan wollen. $

Auf der Hauptstraße erreichen Sie bei Lian (95 km) die Westküste der *Provinz Batangas.* Hier locken zwischen **Nasugbu, Matabungkay** und **Calatagan** zahlreiche Bungalowanlagen am Südchinesischen Meer. Als beste Bade- und Tauchziele (bei Nasugbu) in Manilas Nähe sind die Resorts an Wochenenden gut besucht. Rund um die **Balayan-Bucht,** wo schon vor 250 000 Jahren Menschen lebten, liegen weitere attraktive Unterwasserreviere, so bei **Lemery, Mabini** und **Anilao.** Von dort aus fahren Tauchveranstalter zu vorgelagerten Inseln (Verde, Sombrero, Maricaban).

1

Seite 40

Ⓗ **Maya-Maya Reef Club,** Nasugbu, ☎ 02/810 8118, FAX 815 9288. Luxuriöse Anlage; Tauchen. $$

Punta Baluarte Inter-Continental Resort, Calatagan, ☎ 02/89 4011, FAX 815 9711. Exklusive Lage mit eigenem Golfplatz. $$

Anilao Seasport Centre, Anilao, ☎ 02/801 1850, FAX 805 4660. Etwas außerhalb; Hobie Cat, Windsurfen, Tauchen. $

Ⓡ **Dalam Pasigan,** Nasugbu, in Strandnähe, etwa 2 km außerhalb der Ortschaft. Ausgezeichnete Fisch- und Meeresfrüchtespezialitäten. $

Bachs Fugen auf Bambushalmen

Der spanische Priester Diego Cera war ein echtes Multitalent. Als Musiker, Architekt, Biologe, Physiker und Geologe übernahm er 1816 daher den Auftrag, eine Orgel für die San-José-Kirche von Las Piñas zu bauen. Nur der Mangel an geeignetem Metall für die Pfeifen bereitete ihm Kopfzerbrechen. Da erinnerte er sich der vielseitigen Verwendung der Bambushalme, die ringsum in allen Größen wuchsen, und aus denen die Einheimischen u. a. auch Flöten herstellten. Von den Filipinos lernte Padre Cera, daß er die etwa eintausend ausgesuchten Bambusstangen mehrere Monate lang am Strand eingraben mußte, um sie durch Einwirkung von Seewasser haltbar zu machen. Schließlich werkelte er acht Jahre lang an seiner Wunderorgel. In einen über 5 m hohen, knapp 4 m breiten und 1,5 m tiefen Rahmen, den er ohne Nägel aus Hartholz konstruierte, setzte er 832 Bambus- und 121 Weichmetallpfeifen ein. Die längste der Naturpfeifen mißt 2,5 m. Dazu brachte er 22 Register und eine Fünf-Oktaven-Klaviatur an.

Doch all sein Fleiß und die vielen musikalischen Fürbitten, die im Laufe der Jahrzehnte auf dem Instrument erklangen, konnten die Unbilden der Natur nicht abwehren. Erdbeben, Taifune und vor allem Termiten fügten Gotteshaus und Orgel großen Schaden zu. Erst 1973 entschloß man sich, das Kunstwerk fachmännisch reparieren zu lassen. Dazu reiste die Bambusorgel an den Rhein nach Bonn, wo man sie zwei Jahre lang komplett überholte. So ist sie denn, wie Padre Cera es sich erträumte, weiterhin akustischer Mittelpunkt der sonntäglichen Gottesdienste in Las Piñas. Jedes Jahr im Februar tragen in der Kirche Organisten aus dem In- und Ausland – stets sind deutsche Musiker darunter – das einwöchige *Bamboo Organ Festival* aus. Auch Johann Sebastian Bach hätte es ergötzt, seine Fugen auf Bambuspfeifen, in einmalig weichen, warmen Tönen, hören zu können. Besucher können das Vergnügen mit nach Hause nehmen: Im Kirchenkiosk werden Musikkassetten verkauft.

1

Seite 40

Abrupt in die Moderne versetzt Sie die Industrie- und Hafenstadt **Batangas City,** 160 km. Viele der 200 000 Einwohner arbeiten in Ölraffinerien und Werften. Touristisch bedeutend ist die Stadt nur als Ausgangspunkt für Ausflüge an die Strände und zum Taal-See. Vor allem ist sie Durchgangsstation für die Weiterreise zur Nachbarinsel

* **Mindoro.** Zwei Stunden braucht das Schiff bis nach * *Puerto Galera*, einem wunderschönen Naturhafen an der Nordküste mit zahlreichen Buchten. *Sabang Beach, White Beach, Aniuan* und *Talipanan* sind die bekanntesten der touristisch entwickelten Strände. Wer sich länger auf Mindoro aufhalten will, kann von hier aus Ausflüge in die Dschungelberge im Innern unternehmen oder entlang der Küstenstraße über *Calapan* und *Roxas* in den Süden und Westen der Insel vordringen.

Auf der Fahrt nach Norden prägt das Massiv des **Mt. Banahaw** (2177 m) den Osten von Batangas. Der bis vor 250 Jahren aktive Vulkan hüllt sich in dichten Urwald mit einer Vielzahl von Baum- und Farnarten.

San Pablo, 223 km, ist ein guter Stützpunkt in dieser Gegend. In der Nähe liegt das kleine *Kinabuhayan,* Ausgangspunkt einer Besteigung des Mt. Banahaw – drei Tage müssen Sie dafür einplanen. Feucht-schwüle Dschungelatmosphäre können Sie auch bei *Alaminos,* westlich von San Pablo, erleben. Inmitten eines 92 m tiefen, erloschenen Kraters und üppiger Vegetation liegt **Hidden Valley Springs,** ein gepflegtes, recht teures Resort (☎ 02/509 903, $$); Eintritt inkl. Lunch und Benutzung der Einrichtung ca. 60 US-$) mit Wasserfall, Pool, heißen und kalten Quellen. Weitere Ausflugsziele sind sieben kleine Seen nordwestlich von San Pablo.

Ein zweiter markanter Berg, **Mt. Makiling** (1144 m), erhebt sich am Südufer der **Laguna de Bay,** des größten Binnensees des Landes. Urwald- und Vogelliebhaber schätzen den erloschenen Vulkan mit drei Gipfeln als erlebnisreiches Revier (Aufstieg von Los Baños oder Alaminos aus).

Ⓗ **Villa Escudero,** Tiaong (10 km südlich von San Pablo), ☎ 02/59 3698. Kokosplantage und schöne Bungalows in idyllischer Flußlandschaft. $$
San Rafael Swimmingpool Resort, San Pablo (etwas außerhalb). Saubere, am Wochenende recht gut besuchte Anlage. $

Calamba (252 km) ist untrennbar mit der Unabhängigkeitsbewegung verbunden. Das im 18. Jh. gegründete Städtchen mit rund 130 000 Einwohnern ist im ganzen Land bekannt, denn hier wurde am 19. Juni 1861 der Nationalheld José Rizal geboren. Sein Elternhaus, der *Rizal Shrine,* steht gegenüber der Municipal Hall. Er beherbergt ein Museum mit vielen Memorabilien und Originalmobiliar des berühmten Mannes. (🕓 tgl. 8–12, 13 bis 17 Uhr.)

* **Los Baños,** ca. 10 km östlich, hält, was der Name – „die Bäder“ – verspricht: Hier und in den Nachbarorten zwi-

1
Seite 40

schen Laguna und Mt. Makiling sprudeln zahlreiche Thermalquellen, die den Ruf dieses bedeutendsten Kurortes der Philippinen begründen. Bekannt ist Los Baños aber auch durch das *International Rice Research Institut (IRRI)*, wo Agrarwissenschaftler immer neue Reissorten züchten. Das Institut liegt außerhalb des Ortes in der Nähe des College of Agriculture & Forestry der University of the Philippines (Wegweiser „UP Los Baños"). Wer an einer Besichtigung interessiert ist, sollte sich anmelden (☎ 094/536 2701).

🏨 **Los Baños Lodge & Hot Springs,** N. Villegas St., Einfach, mit Pool. (S)
City of Springs Resort Hotel, N. Villegas St., ☎ 094/50 137, 📠 50 731. Einige Zimmer mit Römischem Bad und Whirlpool. (S)

Die Route führt weiter Richtung Osten nach **Santa Cruz,** 300 km, in dessen Nähe täglich Hunderte von Touristen die Stromschnellen des ***Pagsanjan** in bizarr abenteuerlicher Landschaft hinunterrutschen – an den Wochenenden gleicht Pagsanjan einem Ameisenhügel. Bootsleute bringen Sie in schmalen Einbäumen durch das Felsengewirr des

Bambusorgel von Las Piñas

Taal-See

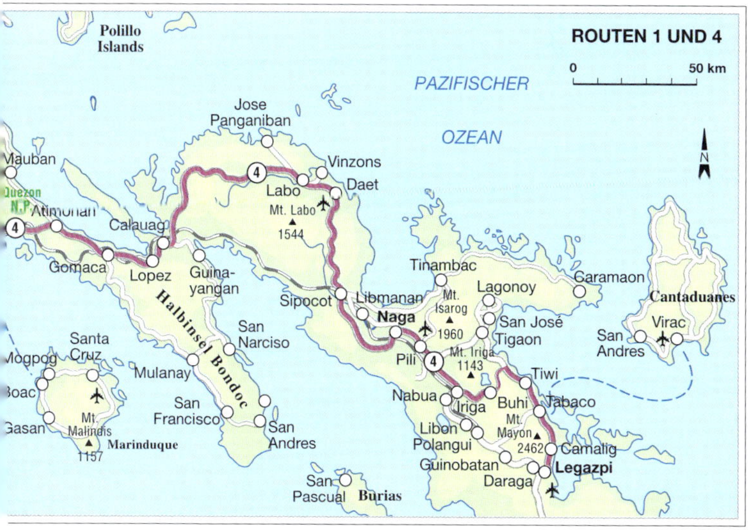

1

Seite 40

Pagsanjan-Flusses zum Magdapio-Wasserfall, und in rasanter Fahrt geht es dann zum Ausgangspunkt zurück. Die beste Jahreszeit für dieses feuchte Abenteuer ist die Zeit zwischen August und November, wenn genügend Wasser durch die bis 100 m tiefe Schlucht braust. Schützen Sie Ihre Kamera mit einer Plastiktüte und lassen Sie stets Hände und Arme im Boot.

Ⓗ **Pagsanjan Falls Lodge,**
☏ 0645/1251. Die besten Zimmer liegen auf der Flußseite; Restaurant, Swimmingpool und Disko. Ⓢ
Riverside Bungalow, 792 Garcia Street,
☏ 0645/2465. Schöne Lage, freundliche Besitzer und gute Küche. Ⓢ

Die Straße folgt dann dem östlichen Seeufer nach **Lumban,** das auf die Herstellung des *barong tagalog* spezialisiert ist: Männer tragen das Oberhemd locker über der Hose; es besteht aus *piña* und *jusi* (Ananas- und Abacafasern) und ist mal mehr und mal weniger dekorativ bestickt.

Über **Paete** und **Pakil,** zwei Holzschnitzerstädtchen an der Ostküste der Laguna de Bay, geht die Fahrt nach **Cardona,** einem Zentrum der Fischindustrie. Weit verstreut stehen die Bambusgestelle im See, in denen der heringgroße *Bangus* (Milchfisch) gezüchtet und auch für den Export verarbeitet wird.

Auf einem Hügel am Fuß der Sierra Madre liegt **Antipolo,** 370 km, des Landes bekanntester Wallfahrtsort. Eine hölzerne Madonnenstatue ist es, die alljährlich im Mai ganze Völkerscharen in Bewegung setzt. Auf einer Galeone soll „Unsere Liebe Frau des Friedens und der Guten Reise" 1632 aus Mexiko herübergekommen sein. Seitdem verehren die Gläubigen die angeblich wundertätige Figur, vor allem die, die selbst eine längere Reise planen.

Atmen Sie noch einmal die saubere Luft der Provinz tief ein – im Westen, wo sich dunkle Dunstschwaden am Horizont abzeichnen, liegt bereits wieder Manila.

Route 2

Durch die großen Ebenen in den Nordwesten von Luzon

*Manila – San Fernando – *Subic Bay – *Angeles – **Hundred Islands – **Vigan – **Paoay – *Laoag (660 km)

Die Central Plains, die großen Schwemmlandebenen zwischen Manila und dem Golf von Lingayen, sind die Kornkammer der Philippinen. Mehrere Flüsse, Niederschläge und künstliche Bewässerung durch die Staudämme in den Bergen lassen vor allem Reis prächtig gedeihen. Eingerahmt sind die Central Plains im Osten von den südlichen Ausläufern der Sierra Madre, im Westen von den Zambales-Bergen. Die Bewohner der Provinzen Bulacan, Pampanga, Tarlac und Nueva Ecija feiern inbrünstig, zuweilen übereifrig ihre religiösen Feste. Zu den idyllischen Hundred Islands am Golf von Lingayen oder in den Norden Luzons reist man auf dem Expressway recht zügig. Wer sich jedoch für die Anreise mindestens drei Tage Zeit nimmt, kann abwechslungsreiche Abstecher von der Hauptstraße machen. Im Nordwesten schließt sich Ilocandia an, die Region, der unverkennbar die früheren Kolonialherren ihren Stempel aufgedrückt haben. Besonders in Vigan und im Schatten der zahlreichen Kirchen wird Ihnen die Nordwestküste von Luzon sehr spanisch vorkommen.

In Caloocan verabschiedet sich der Moloch Metro Manila und verschwindet in seinem abgasgeschwängerten Dunst. Die *Provinz Bulacan* trägt ihren Beinamen – „Land der tausend Feste" – zu Recht. Vom 15.–19. Mai finden in

Obando die *„Fertility Rites“* (Fruchtbarkeitsriten) statt: Kinderlose Ehepaare tanzen in den Straßen, um den Beistand der Ortsheiligen zu erbitten. Ebenfalls am MacArthur Highway, der parallell zum Northern Expressway nach Norden führt, liegt **Bocaue.** Hier ist am ersten Wochenende im Juli der gleichnamige Fluß Mittelpunkt der Fiesta *Pagoda Sa Wawa,* wenn prächtig geschmückte Boote zu Ehren des Heiligen Kreuzes über das Wasser ziehen.

Wie religiöser Fanatismus auf den Philippinen ausarten kann, können Sie alljährlich am Karfreitag in **San Fernando,** 60 km, der Hauptstadt der *Provinz Pampanga* miterleben, wenn sich anläßlich der *Lenten Rites* („Frühlingsriten“) auf einem Acker bei der San-Fernando-Brücke im Ortsteil Cutod mindestens ein halbes Dutzend Büßer und Büßerinnen *(flagellantes)* Nägel durch die Hände treiben und für einige Minuten kreuzigen läßt.

DOT, Paskuhan Village Complex, San José, San Fernando,
☎ 045/961 2665, FAX 961 2612.
Ⓗ, Ⓡ **Pampanga Lodge,** gegenüber der großen Kirche. Einfache Zimmer, Restaurant. Ⓢ

* Subic Bay

Von San Fernando aus bietet sich ein Abstecher an die Küste von Zambales an. 94 Jahre lang hatte sich die US-Navy im strategisch idealen Naturhafen eingenistet. Nach dem Abzug der Marines 1992 schien die Zukunft ungewiß. Seit die Regierung mit dem **Subic Bay Freeport** eine Industrie- und Freihandelszone schuf, ist man wieder optimistisch. Touristische Bedeutung hat **Olongapo** als Ausgangspunkt für Ausflüge in das nahe Regenwaldgebiet, in dem die US-Marines das Überleben in tropischen Kriegsgebieten trainierten. Ihre Scouts, Angehörige der einheimischen Aeta-Ureinwohner, führen nun Survival-Touristen in den Urwald. Reiten, Golf, Glücksspiel im Kasino, Bungee Jumping und Bootsfahrten in der

Per Einbaum geht es durch die Pagsanjan-Schlucht

Die Subic Bay – fast ein Jahrhundert lang Stützpunkt der US-Navy

Idyllische Hundred Islands

2
Seite 45

2

Seite 45

Bucht sind nur einige der vielen Freizeitaktivitäten. Etliche Wracks in der Bucht locken zunehmend Tauchsportler an. Infos und Buchungen u. a. bei *Subic Aqua Sports* (Bldg. 249, Waterfront Rd., Olongapo, ☎ 047/384 3005. FAX 384 2343).

DOT, Subic Bay Metropolitan Authority, Bldg. 229, Waterfront Rd., Subic Bay Freeport, Olongapo, ☎ 047/252 2449, FAX 222 3503.
Subic International Hotel, Sta. Rita Rd., Subic Bay Freeport, Olongapo, ☎ 047/47 7211–17. First-class-Unterkunft für die Business-Klientel, Restaurant. $$
Subic Garden Inn, National Highway/ Montelibano St., Barrio Barretto, ☎ 047/222 4550, FAX 222 2718. Einfache, saubere Zimmer mit TV, Restaurant, Garten. $
By the Sea Restaurant, National Highway, Barrio Barretto. Exzellente Seafood-Gerichte. $$

Der Ausbruch des Pinatubo (s. S. 46) hat die Stadt * **Angeles,** 80 km, über die Landesgrenzen hinaus bekannt gemacht. Hier unterhielten die USA die Clark Air Base, ihren größten Luftwaffenstützpunkt im Ausland, bis ihn Vulkanasche zerstörte. Bis heute hat die Zivilbevölkerung unter den Nachwirkungen der Naturkatastrophe zu leiden. Meterhohe *Lahar*-Massen (Ascheschlamm) blockieren Straßen und Flüsse, ehemals fruchtbare Reisfelder und ganze Ortschaften sind verschüttet.

Nach der zunächst großen Enttäuschung über den Abzug der GIs scheinen Pioniergeist und Lebenswillen zurückgekehrt, seit sich auf dem 55 000 ha großen, früheren Militärgelände die **Clark Field Special Economic & Free Port Zone** mit internationalem Flughafen angesiedelt hat. Das touristische Potential des * **Mt. Pinatubo** wird kräftig genutzt. Aus festem *Lahar*-Material gefertigte Töpferwaren sind inzwischen beliebte Souvenirs. Im Angebot sind Rundflüge und Wanderungen (nur bei trockener Witterung möglich) in die bizarre Canyon-Landschaft der *Lahar*-Decke am Fuß des Bergmassivs.

Oasis Hotel, Clarkville Compound, Angeles, ☎ 097/202 5846. Nette Zimmer in ruhiger Anlage mit Swimmingpool. $$
Sunset Garden Inn, Malabanas Rd., ☎ 378 1109, FAX 602 2714. Günstige Wochenraten, internationale Küche, Pool unter Palmen. Hier werden ganztägige Wandertouren ins Pinatubo-Massiv angeboten. $
Maranao Grill Restaurant, im Oasis Hotel. Ausgezeichnete Steaks und andere internationale Gerichte. $$
Edelweiss, Don Juico Ave., Balibago. Wen es nach heimatlicher (deutscher und alpenländischer) Kost gelüstet, kann sich hier satt essen. $$

„Wo es Salz gibt“ lautet die Übersetzung von *Pangasinan*, der nördlichsten Provinz von Zentralluzon, die sich um den **Golf von Lingayen** schmiegt. Ihre Hauptattraktion liegt vor dem Küstenstädtchen **Alaminos,** 250 km: 123 flache, unbewohnte Koralleninseln, von dichtem Buschwerk bedeckt, die wie grüne Pilze in der blauen See wachsen. Wen reizt es nicht, in dem 1800 ha großen ** **Hundred Islands National Park** einmal für ein paar Tage Robinson zu sein? Nur drei der idyllischen Eilande sind touristisch erschlossen, d. h., als Übernachtungsquartiere zugelassen. Nach jahrelanger Dynamitfischerei bietet der Mini-Archipel unter Wasser nicht allzuviel. Doch Baden und Bootstouren zwischen den Inselchen machen den Aufenthalt zu einem erholsamen Erlebnis. Wenn Sie sich bei Mitnahme von Eigenproviant und Trinkwasser „aussetzen“ lassen wollen, erkundigen Sie sich im Fischerdorf *Lucap* (Reservierung ☎ Funktelefon 2020 6332) oder in Manila (☎ 02/812 1984, FAX 812 1164) nach geeigneten Inselstränden. Einigermaßen komfortable Unterkünfte (Cottage 12–25 US-$) gibt es nur auf **Governor's Island, Children's**

ROUTEN 2 UND 3
0
50 km
N
Babuyan Channel
Claveria
Abulug
Aparri
Laoag
Lal-lo
Gonzaga
Paoay
Currimao
Batac
Dingras
Gattaran
Badoc
Alcala
SÜD-
Cabugao
Amulung
Magsingal
Tineg
Tuao
Solana
Peñablanca
San Vicente
Tuguegarao
Vigan
Bangued
Enrile
CHINESISCHES
Narvacan
Santa Maria
Cabagan
Tabuk
Tumauini
CORDILLERA CENTRAL
Chico
Candon
MEER
Santa Lucia
Sagada
Bontoc
Siffu
Ilagan
Mayoyao
Mt. Data 2714
Bangar
Mankayan
Banaue
Cauayan
Luna
Reisterrassen
Magat
Alicia
Lagawe
Balaoan
Ramon
Angadanan
Bacnotan
Santiago
Echague
Kabayan
San Juan
Cordon
San Fernando
La Trinidad
Mt. Pulog 2928
Jones
Bauang
Ambuklao-
Solana
Museum
Golf von
Bayombong
Bolinao
Aringay
Baguio
Lingayen
Stausee
Bambang
Maddela
Pugo
Hundred Islands N.P.
Agoo
Rosario
Aritao
Bani
San Fabian
Sison
Agno
Dalton Pass
SIERRA MADRE
Alaminos
Pozorrubio
Rio Grande de Cagayan
Cagayan
Dagupan
Mangaldan
Lingayen
Urdaneta
San Carlos
Villasis
Pantabangan-Stausee
Malasiqui
Santa Cruz
Bayambang
San Jose
ZAMBALES-BERGE
Paniqui
PAZIFISCHER
Camiling
Gumba
Gerona
Talavera
High Park 2007
Tarlac City
Cabatanuan
San Antonio
Capas
OZEAN
Iba
Botolan
Gapan
Mabalacat
Mt. Arayat 1026
Arayat
Mt. Pinatubo 1760
San Miguel
Angeles
San Marcelino
San Fernando
San Ildefonso
Polillo Islands
Florida-blanca
Baliuag
Pulilan
Subic
Lubao
Olongapo
Malolos
San Juan del Monde
Orani
Bocaue
Subic Bay
Obango
Marikina
Balanga
Manila
Pasig
Limay
Cavite City
Muntinglupa
Mariveles
Laguna de Bay
Las Piñas
Corregidor

2

Seite 45

Island, Quezon Island und auf dem Festland in Lucap und Alaminos.

In **Bolinao,** 25 km nördlich von Alaminos, sind außer der *St.-James-Kirche* aus dem Jahr 1609 die Exponate im * *Regional Museum* sehenswert; die Artefakte aus der Zeit zwischen dem 7. und 15. Jh. gehören zu den bedeutendsten archäologischen Funden der philippinischen Inselwelt (Ⓒ Mo–Fr 8–12, 13–17 Uhr).

Die drei Provinzen *La Union, Ilocos Sur* und *Ilocos Norte* werden zusammengefaßt als **Ilocandia** bezeichnet. Ein kontrastreiches Klima prägt den Nordwesten von Luzon: Die trockene Jahreszeit zwischen November und Mai ist zwar bei mäßiger Hitze günstig für den Anbau von Tabak, Mais, Zuckerrohr, Zwiebeln und Reis. Da aber in der Regenzeit (Juni bis September) Taifune über die Pflanzungen toben, können die gepriesenen Strände von La Union nur einige Monate im Jahr ihrem guten Ruf gerecht werden.

Auf jeden Fall sehenswert ist im Städtchen **Agoo** das liebevoll gestaltete * *Museo Iloco*, wo Sie viele interessante Einzelheiten zur Kulturgeschichte Ilocandias erfahren (Ⓒ tgl. 9–12, 13 bis 17 Uhr).

Ungebrochene Verehrung findet in Ilocandia der in Ilocos Norte geborene Ferdinand Marcos. Ganz in der Nähe von Agoo, auf dem Marcos Highway nach Baguio, können Sie sich bei **Pugo** von dem anhaltenden Personenkult überzeugen: Eine riesige, in den Fels gehauene Marcos-Büste, vom 1989 gestorbenen Diktator zu Lebzeiten in Auftrag gegeben, überragt den *Marcos Park* mit Swimmingpool, Golfplatz und Hotelanlage.

Bauang wurde nach einem der wichtigsten Anbauprodukte der Gegend benannt: Knoblauch. Nicht nur damit verdienen die Leute ihr Geld, auch die zahlreichen Strandresorts nördlich von Bauang sichern ihnen zumindest in der Sommerzeit ihr Einkommen. Trauben gedeihen an den Hängen der Cordillera-Ausläufer. Probieren Sie einmal *basi*, den rötlichen Wein aus vergorenem Zuckerrohrsaft, der im Hinterland, in Naguilian, hergestellt wird.

Ⓗ **Coconut Grove Resort,** Paringao (nördlich von Bauang), ☎ 072/41 4276, FAX 41 5381. Gut ausgestattete Unterkunft mit Restaurant und Swimmingpool. ($)
Bali Hai Beach Resort, Paringao, ☎ 072/41 2504, FAX 41 4496. Windsurfen, Hobie Cats, Restaurant, Pool. ($)
Sunset Palms Beach Resort, Paringao, ☎ 072/41 3708. Nette Strandanlage mit Restaurant. ($)

San Fernando, 444 km, Industrie- und Hafenstadt (70 000 Einw.), zieht sich die Hänge der Kordillere hinauf. Vom *Heroes Hill* haben Sie eine gute Aussicht über Küste und Meer. Auf einem Hügel im Süden der Stadt prangt das neue *Provincial Capitol,* ganz in der

Das erwachte Ungeheuer

Ein leichtes Grollen und etwas Rauch über seinem Gipfel waren die ersten Anzeichen: Der 1760 m hohe Pinatubo erwachte im April 1991 aus einem 600 Jahre langen Schlaf – von kaum jemandem beachtet. Nur die im Bergdschungel siedelnden Ureinwohner fühlten, daß der von ihnen verehrte Vulkan etwas gegen die Menschen im Schilde führte. Sie sollten recht behalten: Nach stärkerem Rumoren registrierten auch Wissenschaftler Magmabewegungen im Innern des Pinatubo.

Doch als dieser dann am 15. Juni 1991 mit unvorstellbarer Gewalt ausbrach, da waren selbst die Vulkanologen zu Tode erschrocken: Bis 25 km hoch stiegen die immensen Eruptionswolken, verdunkelten stundenlang den Himmel. In dem Inferno unbändiger Energie entluden sich Blitze, Donner krachten mit ohrenbetäubender Gewalt, Erdstöße erschütterten immer wieder das Land. Schätzungsweise an die 20 Mil-

Nähe lockt das sehenswerte * *Museo de la Union.* Die ethnographische Ausstellung zur Region schließt historische Dokumente zur Stadt- und Provinzgründung ein. (🕓 Mo–Fr 9–12, 13 bis 17 Uhr.)

Die Strandresorts von San Fernando verteilen sich auf einen Abschnitt ca. 3 km südwestlich vom Industrie- und Hafenstadtteil *Poro* und auf fast 10 km nördlich der Stadt bis in die Nähe des Ortes **San Juan.**

DOT, Mabanag Bldg. Capitol Hills, ☎, FAX 072/41 2098.
Sea & Sky Hotel, Quezon Blvd., ☎ 072/41 5279. Saubere Zimmer, einige haben Balkon und Meerblick. ($)
Sunset Beach Resort, Montemar Village, ☎, FAX 072/41 4719. Nette Steinbungalows in schöner Gartenanlage, philippinische und internationale Küche. ($)

Der Pinatubo brachte Tod und Verwüstung

2
Seite 45

lionen Tonnen Schwefeldioxid und fünf Millionen Tonnen Gestein wurden dabei in die Atmosphäre geschleudert. Was davon während der nächsten Tage auf die Erde niederfiel, war nur der Anfang einer verheerenden Katastrophe. Die Menschen aus den umliegenden Ortschaften flüchteten in panischer Angst nach Süden. Selbst in Manila ging die weißgraue Asche nieder und deckte ganze Stadtteile wie mit Schnee zu.

Auch die Angst vor einer möglicherweise tödlichen Gaswolke trieb die Menschen zur Flucht. Ein gleichzeitig über Luzon tobender Taifun peitschte ununterbrochen Regen über das Land. Eine Sintflut stürzte über weite Landstriche von Pampanga herein. Die mit dem Regenwasser vermischten Aschepartikel strömten wie flüssiger Zement von den Berghängen in die Täler. Nichts konnte die zähe Masse aufhalten, Häuser, Kirchen, ganze Ortschaften wurden weggerissen und begraben. Es waren die *Lahar*-Ströme, wie diese unheilvolle Mixtur seitdem genannt wird, die zusammen mit nachfolgenden Ausbrüchen 1992 die Zahl der Obdachlosen auf fast eine Million ansteigen ließen. 800 Menschen sind nach offiziellen Angaben dem Pinatubo zum Opfer gefallen. Unklar ist die Zahl der Toten unter den Aeta-Ureinwohnern, von denen viele auf dem Berg geblieben waren.

Mit dem Fluch des *Lahar* müssen die Bewohner von San Fernando, Angeles und anderen Orten im Umkreis noch lange leben. Erst im April 1996 wurden wieder vier Kinder mitgerissen, nachdem Regenfälle Ascheschlamm ins Tal geschwemmt hatten. Rund 80 000 ha Ackerfläche sind auf Jahrzehnte hin vernichtet. Noch immer sind Straßen kilometerlang blockiert, Flüsse ändern alle paar Monate ihren Lauf. Zigtausende Menschen haben noch keine feste Bleibe. Umsiedlungsversuche stoßen dennoch auf wenig Gegenliebe.

2

Seite 45

New Society Restaurant, Burgos St. Die Adresse für Liebhaber der chinesischen Küche. $

Nuval's Carenderia, Don Joaquin St. Ausgezeichnete Ilocano- und Seafood-Gerichte. $

Die *Provinz Ilocos Sur* wartet mit einigen bemerkenswerten Kirchenbauten auf. Darunter das auf einem Hügel errichtete Gotteshaus von * **Santa Maria,** das eher einer Festung gleicht. Auffällig ist bei der 1769 im „Erdbeben-Barock" (s. S. 20) erbauten Kirche der schiefe, sechseckige Glockenturm.

** Vigan

Die Hauptstadt (35 000 Einw., 583 km) von Ilocos Sur wurde 1574 von Juan de Salcedo als *Villa Fernandina* gegründet. Etliche der herrschaftlichen Häuser der spanischen Beamten, reichen Mestizen und chinesischen Händler sind noch erhalten. Tatsächlich gilt Vigan heute als die spanischste Stadt der Philippinen, als Stück Kastiliens in Südostasien.

Eine Fahrt mit einer *kalesa,* einer Pferdekutsche, im ersten Tageslicht läßt besonders im ehemaligen * **Kamestizoan District** (Mestizenviertel) an der Crisologo Street eine längst nostalgisch verklärte Epoche philippinischer Vergangenheit wieder lebendig werden. Den Geschichtsunterricht ergänzt ein Blick hinter die alten Ziegelsteinmauern, in die gefliesten *patios,* die blumenumrankten Innenhöfe, und in die luftigen Zimmer mit knarrenden Holzdielen. Das **Burgos House,** ein zweistöckiges Gebäude in der Burgos Street, ist ein solches architektonisches Juwel. Hier wurde der 1872 von den Spaniern hingerichtete Priester José Burgos geboren. Jetzt dient es als * **Ayala Museum** dem Erhalt der Ilocano-Kultur (Di–So 9–12, 14–17 Uhr.)

Im Osten der Burgos Street sind an der **Plaza Salcedo** kirchliche und staatliche Macht vereint: Ein neoklassizistischer Bau beherbergt das *Provincial Capitol;* gegenüber stehen die gewaltige erzbischöfliche Residenz aus dem späten 18. Jh. und die * **Vigan Cathedral** aus dem frühen 19. Jh. Im Innern verblüfft der Hauptaltar aus gehämmertem Silber.

Einige gut erhaltene Kolonialhäuser prangen in der **Crisologo Street:** So das Geburtshaus der Dichterin Leona Florentino (1849–1884), und **Syquia Mansion,** Wohnsitz des späteren Präsidenten Elpidio Quirino.

In der **Rizal Street** können Sie bei der Herstellung der traditionellen Wassertöpfe aus Ton zuschauen.

The Cordillera Inn, 29 Mena Crisologo St., ☎ 077/222 526, FAX 222 840. Schöne Zimmer in altem Kolonialhaus, Restaurant. $$

Grandpa's Inn, 1 Bonifacio St., ☎ 077/22 118. Gemütliches, gepflegtes Haus. $

Cool Spot, Burgos St. Ilocano-Küche. $

Victory, Quezon Ave. Tagesgerichte der Filipino-Küche. $

Eine der bemerkenswertesten Kirchen der Philippinen finden Sie in **Paoay.** Augustinermönche begannen schon 1704 mit dem Bau, endgültig fertiggestellt wurde die inzwischen von der UNESCO zum Weltkulturerbe erklärte ** **Paoay Church** erst 1894 – Zeit genug, um eine interessante Stilmischung entstehen zu lassen. Als Kontrast zum prägnanten „Erdbeben Barock" – massige Fundamente und zwei Dutzend starke, seitliche Stützstreben – zeigen Fassade und Interieur ein eher verschnörkeltes, orientalisches Gesicht.

Schon bald rückt wieder der „Große Ilocano" in den Mittelpunkt: Am Nordufer des **Lake Paoay** residierte Ferdinand Marcos während seiner Aufenthalte in der Heimat. Der ehemalige Palast *Malcañan ti Amianan* dient heute als Museum, das natürlich die Marcos-Ära nicht ausspart. Selbst am 3 km westlich gelegenen **Suba Beach** baden Sie in oder auf den Spuren des Marcos-

Klans: Das feudale **Fort Ilocandia Resort Hotel** (☎ 077/221 167. Kasino, Disko, Segeln, Windsurfen; $$$) ließ der Ex-Präsident 1983 für die Hochzeitsgäste seiner Tochter Imee an den Dünenstrand setzen. Auch auf der Weiterfahrt nach Laoag drängt sich der Diktator, der in Sarrat, östlich von Laoag geboren wurde, immer wieder ins Programm. In **Batac** ist sein früheres Wohnhaus *Balay ti Ili* zur Pilgerstätte für viele Filipinos geworden, um so mehr, seitdem hier sein Leichnam in einem Mausoleum ruht.

In einer Kalesa kann man Vigan stilgerecht erkunden

2
Seite 45

* Laoag

Seit 1818 ist Laoag (75 000 Einw., 660 km) das politische und wirtschaftliche Zentrum von Ilocos Norte. Die Besonderheit der * **St. Williams Cathedral** ist ihr rund 90 m entfernt gebauter Glockenturm. Dieser „Sinking Tower" hat sich seit dem frühen 17. Jh. etliche Meter ins Erdreich gesenkt. Außer dem **Rathaus** aus dem 19. Jh. ist als historische Sehenswürdigkeit das **Tobacco Monopoly Monument** in einem Park vor dem *Provincial Capitol* zu erwähnen. Es wurde 1882 zum Dank an den spanischen König Alfonso XII. errichtet, der ein Gesetz abschaffte, das die Ilocanos fast zehn Jahre ausschließlich zum Anbau von Tabak zwang. Für einen Rundblick über Laoag und Umgebung empfiehlt sich der Aufstieg auf den **Ermita Hill** östlich des Zentrums.

ℹ **DOT,** Ilocano Heroes Memorial Hill, ☎ 077/220 467.

Ⓗ **Pichay Lodging House,** Primo Lazaro St., ☎ 077/221 267. Gemütliche, saubere Zimmer. $

Ⓡ **Barrio Fiesta,** M. Nalasco St. Gute philippinische Küche. $

Wer nun ein paar Tage ausspannen möchte, findet bei **Currimao,** südlich von Paoay, wunderschöne, einsame Strände.

Ⓗ **Playa Blanca Beach Resort,** nahe dem Currimao Outpost, ☎ 077/ 22 0784. Direkt am buschbestandenen Strand. Restaurant, Möglichkeit zum Windsurfen. $$

Route 3

Nordluzon – das Land der Igorot

*Baguio – **Bontoc – *Sagada – ***Banaue – Dalton Pass (515 km)

3

Seite 45

Wie eine andere Welt mutet der gebirgige Norden von Luzon an. Die Igorot, die einst kriegerischen Bergvölker der Ibaloi, Kankanai, Bontoc, Ifugao, Kalinga, Apayao u. a., konnten sich lange gegen fremde Einflüsse zur Wehr setzen. Schon um Baguio, die Sommerstadt der Manileños, spürt man den rauhen Charme dieser aufregenden Region, deren topographisches Rückgrat die Cordillera Central bildet. Schwindelerregend ist nicht nur die Fahrt nach Bontoc und weiter nach Banaue. Dort ragen die weltberühmten Reisterrassen in die Wolken. Eine Woche sollte für die Route eingeplant werden, wobei die Flugverbindung zwischen Manila und Baguio und die schnelle direkte Straße nach Banaue als „Zeitraffer" genutzt werden können.

*Baguio

Die Busse mehrerer Linien brauchen für die 250 km von Manila über Angeles und Tarlac etwa 6 Stunden. Im Flugzeug dauert die Reise knapp 45 Minuten. Die 1500 m hoch gelegene „Stadt der Pinien" ist für die Menschen aus der stickigen Metropole und dem Tiefland ein Magnet: saubere, 20° C kühle Luft, jede Menge Abwechslung in subtropischer Berglandschaft. Im Juli 1990 fiel das Ferienparadies Baguio (180 000 Einw.) allerdings jäh in sich zusammen, als ein Erdbeben weite Teile der Stadt zerstörte und 1000 Menschenleben forderte. Noch sind einige Schäden sichtbar, doch es wird emsig wiederaufgebaut.

Die Spanier, die übrigens die abfällige Bezeichnung *Igorot* („Hinterwäldler") prägten, nutzten 1846 das frühere *Kafagway*, eine kleine Siedlung der einheimischen *Ibaloi*, als Ausgangsbasis der Eroberungszüge ins Innere von Nordluzon. Mit den Amerikanern verbindet man in Baguio in erster Linie Fortschritt, Bildung und Fremdenverkehr. Drei Jahre lang (1903–1906) bauten diese die serpentinenreiche *Kennon Road*, um schneller von Manila in ihre Sommerstadt zu gelangen. Von hier aus konnten aber auch die amerikanischen Bergbauingenieure den Abbau der Gold- Silber- und Kupfervorkommen im Land der *Ibaloi* einleiten.

Auch für seine gesunden Hochlandprodukte ist Baguio im ganzen Land berühmt. Auf dem **City Market** entlang der Magsaysay Avenue finden Sie Kartoffeln, Kohlgemüse, Karotten, Auberginen, Honig und sogar Erdbeeren, einschließlich eines süßen Erdbeerweins. Die typischen Handwerksarbeiten der Region sind hier, im benachbarten *Marhalika Livelihood Center* und in den vielen Kunsthandwerksbetrieben der Stadt zu bewundern: Korbwaren, Strohblumenkränze, Holzschnitzereien, Leder- und Webwaren.

Die Schmuckindustrie hat in Baguio Tradition, was die 1906 gegründete Gewerbeschule für Silberschmiede der **St. Louis University** im Norden der Session Road beweist, deren Werkstätten Sie besichtigen sollten. Im hauseigenen *Filigree Shop* bieten die jungen Handwerker ihre Arbeiten zum Verkauf an. (🕓 Werkstätten und Shop Mo–Sa 8–12, 13–17 Uhr.)

Das Wahrzeichen der Stadt ist der **Burnham Park** mit künstlichem See, Bootsverleih und einem sehenswerten **Orchidarium*.

Genießen Sie den schönen Rundblick nach dem Aufstieg über 225 Stufen zur **Lourdes Grotto** auf dem Mirador Hill hoch über der Stadt. Mit Kerzen und Gebeten bitten die Menschen um den Beistand der Schutzheiligen des Landes. Wie auch an anderen Aussichtspunkten von Baguio versammeln sich hier Ibaloi-Männer und -Frauen in traditioneller Tracht, um sich als Fotomodelle etwas Geld zu verdienen.

Blick auf Baguio

Das einstige Erholungszentrum der US-Army, **Club John Hay (CJH)**, am südöstlichen Stadtrand lockt heute als größtes Freizeitzentrum der Stadt u. a. mit einem 18-Loch-Golfkurs, einem geheizten Schwimmbad und Unterkunftsmöglichkeiten. Interessante Details zu Vergangenheit und Gegenwart der ethnischen Gruppen im Hochland von Luzon bietet das * *Museum of the Mountain Province* (🕓 Di–So 9–12, 13.30–17 Uhr).

Im mit Blumen, Pinien und Kasuarinen bewachsenen **Botanical Garden** nördlich des CJH sind einige traditionelle Hausformen der Bergvölker zu sehen.

Der **Mines View Park** etwas westlicher liegt hoch über den alten Gold- und Silberminen. Touristen werfen Münzen über den steilen Abhang und wünschen sich etwas dabei – wagemutige Jungen fangen die Geldstücke mit an Stangen gebundenen Körben auf.

225 Stufen führen hinauf zur Lourdes Grotto

3
Seite 45

Die Wunderheiler von Baguio

Die Schulmedizin lehnt sie als Scharlatane ab. Doch die Faith Healer, die Wunder- oder Geistheiler, locken außer vielen verzweifelten Kranken Scharen neugieriger Touristen und Reporter aus aller Welt an. Unvorstellbar geschickt und mit bloßen Händen, ohne Skalpell, Zange und Nadel dringen die „psychischen Chirurgen" in die Körper ihrer nicht betäubten Patienten ein, die sich nach den teilweise blutigen Eingriffen angeblich wieder gesund fühlen und keinerlei Operationsnarben aufweisen. Obwohl mehr Schwindel als Wunder – so mancher von den Naturgesetzen überzeugte Vernunftmensch gerät angesichts der flinken Finger der Faith Healer ins Grübeln. Interessierte, die bei einer solchen „Heilung" zuschauen wollen, können über ihr Hotel in Baguio mit den Wunderheilern Kontakt aufnehmen. Allerdings wird in den meisten Fällen eine Gebühr oder großzügige Spende erwartet. Außerdem müssen die Patienten mit der Vorführung einverstanden sein.

3
Seite 45

Tips

Fragen Sie vor dem Baden in einem dorfnahen Wasserfall erst um Erlaubnis, das gilt auch für das Fotografieren von Menschen. Nehmen Sie lieber einen Führer, eine Führerin mit. Über das Honorar sollten Sie sich vorher einigen. Das Durchwandern der Reisterrassen erfordert außer Ortskenntnis auch einige Geschicklichkeit; abgesehen von der Absturzgefahr haben die vielen Touristen im Lauf der Jahre so manches mühevoll angelegte Reisfeld zertrampelt.

Außer der Halbtagestour zum Holzschnitzerdorf **Asin** in südwestliche Richtung – hier lädt 35° C warmes Quellwasser zum entspannenden Dampfbad ein – ist die zwei Stunden dauernde Fahrt (Jeepney ab Magsaysay Ave.) nordwärts in Richtung Bontoc zum **Trinidad Valley** empfehlenswert. In dem fruchtbaren Tal um La Trinidad, der Hauptstadt der *Provinz Benguet*, befinden Sie sich mitten in der „Salatschüssel der Philippinen", dem Hauptanbaugebiet von Salat, Lauch, Frühlingszwiebeln, Brokkoli und Erdbeeren. Das örtliche * *Benguet Museum* bietet denjenigen Ersatz, die die anstrengende, etwa einen halben Tag dauernde Reise nach * *Kabayan* nicht unternehmen wollen, das nördlich des riesigen Ambuklao-Stausees liegt. Drei der ca. 500 Jahre alten Mumien aus den dortigen Begräbnishöhlen sind hier ausgestellt. (🕓 Mo–Sa 9–12 Uhr, 13 bis 17 Uhr.)

ℹ **DOT,** DOT Complex, Gov. Pack Rd., ☎ 034/6708, 7014, 📠 8848.
Ⓗ **Baguio Vacation Hotel,** Leonard Wood Rd., ☎ 034/442 4545. Komfortables Haus mit Restaurant und Disko, gegenüber dem Botanischen Garten. $$
Woods Place Inn, 38 Military Cut-Off Rd., ☎ 034/442 4641. Gemütliche, sehr saubere Unterkunft. $$
Benguet Pine Tourist Inn, 82 Chanum/Otek Sts., ☎ 034/442 7325. Einfache Unterkunft mit Restaurant für wenig Geld. $
Ⓡ **Sizzling Plate,** Session Rd. Neben pikanten Gerichten von der heißen Platte serviert man sättigendes Frühstück. $$
Café by the Ruins, 23 Chuntug St., gegenüber City Hall. Der richtige Ort, die Cordillera-Delikatessen zu probieren: Guter Hochlandkaffee, frisches Brot, Bergreis, Reis- und Zuckerrohrwein *(tapey* bzw. *basi).* $
Cozy Nook, Assumption Rd. Gute Filipino-Küche. $

Die Weiterfahrt nach Bontoc mit einem der fünf täglichen Busse der Dangwa Tranco Company (zwischen 6 und 10 Uhr) hat es in sich. Die mindestens acht Stunden auf der teilweise schlechten Staubpiste des Halsema Highways spüren Sie garantiert noch Tage später. Doch es ist ein unvergeßliches Erlebnis, auf engen Kurven, an steilen Abhängen vorbei, durch Wald und winzige Dörfer in die philippinische Bergwelt einzudringen. Es kann kühl werden, Jacke oder leichten Pullover sollten Sie griffbereit haben. Einzige Übernachtungsmöglichkeit auf der rund 115 km langen Strecke besteht im Nationalpark **Mt. Data** in etwa 2000 m Höhe bei dem Ort Bauko, wo die Busse meist eine Pause einlegen *(Mt. Data Hotel,* ☎ 02/812 1984, 📠 812 1164; komfortables Hotel in herrlicher Berglage; $$).

** Bontoc (355 km)

Nach vielen Haarnadelkurven – immer wieder eröffnen sich atemberaubende Aussichten in steilabfallende Schluchten –, die selbst einheimische Passagiere mit einer Mischung aus Entzücken und Schrecken registrieren, erreicht die Straße über den pittoresken Flußort – *Sabangan* die über 900 m hoch gelegene Hauptstadt der Bergprovinz. Etwa 4000 Einwohner leben im Städtchen, das seit langer Zeit Handels- und Kommunikationszentrum der umliegenden

Bergvölker der Bontoc, Kalinga und Ifugao ist. In den vergangenen Jahrzehnten gab es hier immer wieder blutige Auseinandersetzungen zwischen Militär und Kämpfern der Autonomiebewegung. Der Ort selbst bietet außer einer Handvoll einfacher Lodges und dem ***Bontoc Museum** wenig Interessantes. Ende der 70er Jahre hat eine belgische Nonne die wertvolle Ausstellung über die geheimnisvolle Welt der Bergvölker zusammengetragen: Haushalts- und Alltagsgegenstände, Kleidungsstücke, Waffen und Schmuck; einige typischen Hausnachbauten eines *Ili Bontoc,* eines Bontoc-Dorfes, stehen außerhalb des Museumsgebäudes (tgl. 8–12, 13–17 Uhr). In der **All Saints Elementary School** und im Ortsteil **Barangay Samoki** können Sie den Frauen zusehen, wie sie Decken und Kleidungsstücke in der überlieferten Technik und mit traditionellen Mustern weben.

Ein Igorot

Pines Kitchenette & Inn. Einfache Unterkunft mit gutem Restaurant – in Bontoc darf man keine großen Ansprüche stellen.

Reisterrassen bei Bontoc

Wer sich ein paar Tage in Bontoc aufhalten will, tut gut daran, die reizvolle Umgebung zu erkunden. Die Reisterrassen von ***Malegcong,** drei Stunden Fußmarsch von Bontoc entfernt, sind die spektakulärste Sehenswürdigkeit der Gegend. Im Unterschied zu denen der *Ifugao* (s. S. 55), haben die Bontoc ihre Reisfelder mit Hilfe von Steinmauern an den Berghängen hochgezogen. Im Ort können Sie Häuser in traditioneller Bauweise sehen – auf Pfosten erhöht, mit einem steilen Dach aus Kogon-Gras. Reisterrassen prägen auch die Landschaft auf dem Fußweg von Malegcong nach **Mainit,** wo heiße Schwefelquellen mit Sinterablagerungen zu sehen sind. Über **Guinaang** können Sie schließlich auf einer Fahrstraße nach Bontoc zurückkehren. Mit etwas

Hängende Särge bei Sagada

3

Seite 45

Glück nimmt Sie ein Jeepney mit. Zur Sicherheit sollten Sie sich bei diesem Ausflug einem Führer anvertrauen, der Ihnen nützliche Informationen geben kann. Nehmen Sie ausreichenden Sonnenschutz, Trinkwasser, Proviant und kleine Geschenke wie Dosenfisch, Zucker, Salz, Streichhölzer mit.

Westlich von Bontoc, ca. 1 Stunde mit dem Jeepney, liegt ***Sagada,** ein idyllisches Bergdorf in kühler Pinienwald- und Karstlandschaft. So mancher Globetrotter wird hier für Wochen, ja Monate zum Aussteiger. Wer nicht soviel Zeit hat, sollte auf jeden Fall die berühmten Grabhöhlen der Bontoc in der Umgebung besichtigen. Schon etwa 1,5 km in südlicher Richtung, hinter dem Dorf Ambasing, stapeln sich in einer halboffenen Höhle die *„Hanging Coffins“*, aus ausgehöhlten Pinienstämmen gefertigte Särge, in denen die Bontoc seit Jahrhunderten ihre Toten bestatten. Grabräuber, unter ihnen auch Touristen, haben leider immer wieder Knochen als Souvenirs gestohlen oder häßliche Malereien an Särgen und Höhlenwänden hinterlassen.

3

Seite 45

Für den Besuch anderer, weitverzweigter Tropfsteinhöhlen (wie die *Sumaging Cave*) ist unbedingt ein Führer vonnöten. Wasserfälle (z. B. *Bokong)*, Reisterrassen (bei *Banga-an)* oder eine Wanderung auf den *Mt. Ampaco* mit Aussicht auf Sagada und Umgebung sind einige der landschaftlichen Attraktionen.

Außerdem ist ein Besuch im *Sagada Weaving Shop* lehrreich. Berühmt sind die Schwarzweißfotografien von Eduardo Masferré, der bereits vor 50 Jahren die Menschen aus den Kalinga- und Bontoc-Dörfern vorstellte. Abzüge der historischen Dokumente verkauft das Fotostudio, das Sie an der Straße nach Bontoc, am Abzweig nach Banga-an finden.

Ⓗ **Masferré Inn.** Relativ große Zimmer, gute Infos zur Umgebung. Ⓢ
Olahbinan Resthouse. Komfortables Haus mit Restaurant. Ⓢ

Ⓡ **D'Cabin Restaurant.** Sehr gute internationale und regionale Gerichte in gemütlicher Atmosphäre. Ⓢ

Banaue (405 km)

In südöstlicher Richtung windet sich die Höhenstraße von Bontoc nach Banaue, ins Herz der *Provinz Ifugao*. Die bis 1700 m hoch führende Gebirgspiste (2–3 Std. Fahrzeit) gehört zu den eindruckvollsten Strecken von Nordluzon. Sicher werden Sie im Bus öfter die Seiten wechseln wollen, um die faszinierenden Ausblicke zu genießen. An steilen Hängen wachsen mächtige Baumfarne, Wolkenfetzen schweben geisterhaft über dem Urwald, Wasserfälle rauschen dicht am Straßenrand. Immer wieder erinnern die Spuren von Erdlawinen an die Gefahren durch Regen und plötzliche Wetterstürze. Wenige Kilometer vor dem Ziel ist der Aussichtspunkt über dem 20 km langen, 1200 m hoch gelegenen Banaue-Tal erreicht. Ein großartiges Bild: Zu beiden Seiten eines schäumenden Flüßchens wie gigantische Stufen aufsteigend schmiegen sie sich an die zerfurchten Berghänge – die als das „Achte Weltwunder“ gepriesenen *****Reisterrassen der Ifugao.** Am **Viewpoint** bieten sich den Fotografen regelmäßig alte Ifugaokrieger und -frauen in Tracht als Vordergrundmotiv an, ein erster Hinweis auf die kommerzielle Komponente im Leben der einstigen Kopfjäger.

Das 4 km entfernte Städtchen Banaue ist nicht viel mehr als eine Ansammlung mit Wellblech gedeckter Häuser, darunter einfache Pensionen, die sich an den paar Straßen aufreihen. Authentisches und weniger echtes Kunsthandwerk verkaufen die Souvenirläden im Ort. Die in jahrhundertealter Technik gewebten Decken und Tücher der Ifugao zeigen interessante Muster mit geometrischen Formen und Darstellungen der Naturgeister. Ihre Korbbehälter aus Bambus und Rattan, die z. T. wie Rucksäcke getragen werden, haben die Kunstgewerbeläden in aller Welt erobert. Lassen Sie sich nicht täuschen – die dunkle Patina auf den Körben kann auch in wenigen Tagen in der Räucherkammer entstehen, ist also kein verläßlicher Beweis des Alters. Buntes Treiben herrscht am Samstagmorgen auf dem *Markt*, wenn sich die Bewohner der umliegenden Dörfer treffen.

Die reizvolle Umgebung rechtfertigt unbedingt einen längeren Aufenthalt in Banaue. Über das „Touristendorf" *Tam-an* unterhalb des Banaue Hotels führt ein Weg (1Std.) durch Reisfelder und Bewässerungsanlagen nach **Poitan.** Im Dorf stehen noch etliche *bale*, Ifugao-Häuser auf 3 m hohen Pfosten und mit steilem Pyramidendach aus Stroh. Schauen Sie den Frauen an den Webstühlen oder beim Färben der Stoffe, Holzschnitzern und Schmieden bei der Arbeit zu.

Traditionelles Haus in Batad

3

Seite 45

Die Reisterrassen von Luzon

„Stufen zum Himmel" nennen die Ifugao und Bontoc die Reisterrassen, die ihre Vorfahren vermutlich schon vor über 2000 Jahren in der zerklüfteten Bergwelt von Nordluzon angelegt haben. Von 6–7 m hohen Wällen aus Stein oder Lehm gestützt, klettern die schmalen Felder tatsächlich wie Treppen bis in 1500 m Höhe. Jede Nische, jeder Vorsprung der steilen Berghänge ist ausgenutzt. Über ein System aus kleinen Wasserfällen, Bambusrohren und Gräben werden sie bewässert. Aneinandergereiht könnten sie, 20 000 km lang, fast um den halben Erdball reichen.

Noch immer bewirtschaften und reparieren die Bergvölker die Terrassen in schwerer Handarbeit und mit einfachen Werkzeugen, nur in tieferen Lagen können sie *carabaos*, Wasserbüffel, einsetzen. Zwischen Februar und März pflanzen die Frauen die Setzlinge. Sie sind es auch, die die Felder von Unkraut freihalten. Anfang Juni beginnt die Ernte, die Frauen und Männer gemeinsam einbringen und mit fröhlichen Festen feiern. Wenn danach die Felder bis zur nächsten Pflanzzeit brachliegen, sind die Männer beim Ausbessern der Terrassenwälle und Bewässerungsanlagen zu sehen.

Die Reisterrassen haben Erdbeben und Taifune überdauert. Dennoch sind sie bedroht: Der große Energieverbrauch von Industrie und Städten im Tiefland verlangt nach mehr Staudämmen, deren Planungen in der Vergangenheit in den Bergprovinzen wegen der damit verbundenen Umweltzerstörung des öfteren gewalttätige Auseinandersetzungen zwischen Regierung und Rebellen provozierten. Außerdem ziehen immer mehr junge Bontoc, Kalinga und Ifugao das Leben in den Städten der harten Arbeit im Land ihrer Ahnen vor. Auch unachtsame Touristen, die über die oft brüchigen Mauern wandern, beschleunigen den Zerfall dieser einzigartigen Kulturlandschaft.

Wer längere Wanderungen in teils schwierigem Gelände nicht scheut, erfährt weitaus mehr von der einzigartigen Landschaft rund um Banaue und vom abgeschiedenen, aber kulturell reichen Leben der Ifugao. Wie die Ränge eines Amphitheaters wirken die Reisterrassen in * **Batad,** einem idyllischen Dorf etwa 18 km östlich von Banaue. Hier ist man auf Besucher eingestellt, es gibt mehrere kleine Herbergen. 2 km hinter dem Abzweig nach Batad liegt unterhalb der Straße das alte Dorf * **Banga-an,** ebenfalls von Reisterrassen umschlossen. Ein steiler Pfad führt hinab. Die dreistündige Fahrt nach **Mayoyao** ist durch die spektakulären, immer wechselnden Ausblicke auf die Terrassenanlagen unvergeßlich.

3

Seite 45

Tourist Information Center Banaue, am Markt. Infos zu Touren und Landkarten auch in Hotels.

Banaue Hotel, ☎ 073/386 4087, Fax 386 4048. Das beste Haus der Gegend mit Kamin, Restaurant, Swimmingpool. Abends kulturelle Tänze der Ifugao. $$$

Sanafe Lodge, ☎ 073/386 4085. Bequeme Zimmer, gutes Restaurant. $$

Fairview Inn, ☎ 073/386 4002. Ruhige Lage und guter Ausblick. $

Las Vegas Restaurant, nahe der katholischen Kirche. Zu guten Gerichten spielt man abends Folk-Musik. $

Die Busfahrt (Dangwa Tranco Company) zurück nach Manila dauert rund 8 Stunden und führt über **Lagawe,** 425 km, die Provinzhauptstadt von *Ifugao,* zunächst auf der Cagayan Valley Road nach **Bayombong,** dem administrativen Zentrum der gebirgigen *Provinz Nueva Viscaya.* Bei Santa Fé müht sich die Straße noch einmal 843 m den **Dalton Pass** (515 km) hinauf. Durch die Provinzen *Nueva Ecija* und *Bulacan* geht es dann recht zügig Manila entgegen. Auf dieser 330 km langen Direktroute können zeitgeplagte Reisende die Reisterrassen von Banaue also auch auf einem ziemlich hektischen Dreitagestrip besichtigen.

Route 4

Südluzon – zum König der philippinischen Feuerberge

*** Manila – Marinduque – * Naga – * Iriga – Tiwi – Legazpi (551 km)**

Der Mount Mayon, einer der schönsten Vulkane der Erde, ist das Ziel dieser Route. Berg- und Hügellandschaften, Buchten und vorgelagerte Inseln bereichern die reizvolle Fahrt durch Bicolandia, wie Südluzon auch genannt wird. Bei einer Reisedauer von vier bis fünf Tagen bietet sich des öfteren die Gelegenheit, an einem sauberen Strand zu baden oder zu schnorcheln. Schnell und bequem – wenn es sein muß, in einem Tag – reisen Sie auf dem Maharlika Highway von Manila bis nach Legazpi. Für Eisenbahnfans verkehrt über Calamba, Lucena und Naga auch ein Zug dorthin – auf der letzten öffentlichen Schienenstrecke der Philippinen.

Von den beiden kleinen Häfen *Dalahican* und *Cotta,* südöstlich bzw. südlich von *Lucena,* der Hauptstadt der *Provinz Quezon,* fahren die Fähren nach **Marinduque.** Mit der 960 km² großen Insel zwischen Südluzon und den Visayas verbindet man vor allem das aufsehenerregende *Moriones Festival,* das die Orte *Gasan, Mogpog* und *Boac* in der Karwoche feiern. Bei dem Spektakel mit den *Moriones,* grimmig dreinblickenden Römermasken, geht es um ein Detail aus der apokryphischen Passionsgeschichte: Longinus, der halbblinde Legionär, der Jesu Seite mit der Lanze durchstach, wird durch das Blut des Gekreuzigten geheilt und zum Christen. Die übrigen Römer jagen den Verräter über Stock und Stein und schleppen ihn schließlich zum Schafott. Auch echtes Blut fließt reichlich, wenn sich Flagellanten die Körper blutig peitschen.

Ⓗ **Marinduque Marine,** Balaring, 5 km südlich von Boac. Garten, Restaurant. Tauchkurse. $
Boac Hotel, Nepomuceno St., Boac, ☎ 04221/1121. Einfache Zimmer, einige klimatisiert. $

Von Lucena geht die Fahrt über *Daet*, die quirlige Hafenstadt im Osten der Provinz *Camarines Norte* nach * **Naga,** 441 km. Die gelassen-fröhlich wirkende Hauptstadt der Nachbarprovinz *Camarines Sur* bietet interessante Einblicke in Kultur und Geschichte. Leider wurde die spanische *San-Francisco-Kirche* (1578) zu Beginn des 20. Jhs. von einem Erdbeben zerstört und ziemlich ungeschickt restauriert. Gegenüber erinnert das *Quinze Martires Monument* an 15 Freiheitskämpfer, die 1896 hingerichtet wurden. Das zweite bedeutende Gotteshaus, die 1595 errichtete *Naga Cathedral*, spielt eine wichtige Rolle beim *Peñafrancia Festival*, wenn am dritten Wochenende im September die Stadt die Jungfrau von Peñafrancia durch eine farbenprächtige Flußprozession auf dem Naga ehrt.

Ⓗ **Grand Imperial Plaza,** P. Burgos St./J. Hernandez Ave., ☎ 05421/736 534. Angenehme Atmosphäre in gutem Haus. Restaurant und Bar. $
Sampaguita Tourist Inn, Panganiban Drive, ☎ 05421/738 896. Gepflegte Pension in Zentrumsnähe. $
Ⓡ **Ilaw sa Dahon Restaurant,** Panganiban Drive. Gute Bicolano-Küche. $

Naturfreunden bietet die Umgebung Nagas Wasserfälle bei *Panicuason* und *Nabontalan* oder den Nationalpark um den 1960 m hohen **Mt. Isarog** im Osten. Wer den Berg besteigen möchte, muß dafür vier Tage einplanen (Informationen in *Pili*). Von hier stammen übrigens die länglichen *Pili-Nüsse*. Die ißt man gern, mit braunem Zucker glasiert, als Ausgleich zum scharfen Regionalgericht *Bicol Express* – mit feurigem Chili gewürztes, in Kokosmilch gegartes Schweinefleisch.

Lake Buhi

Der Mount Mayon – eine gefährliche Schönheit

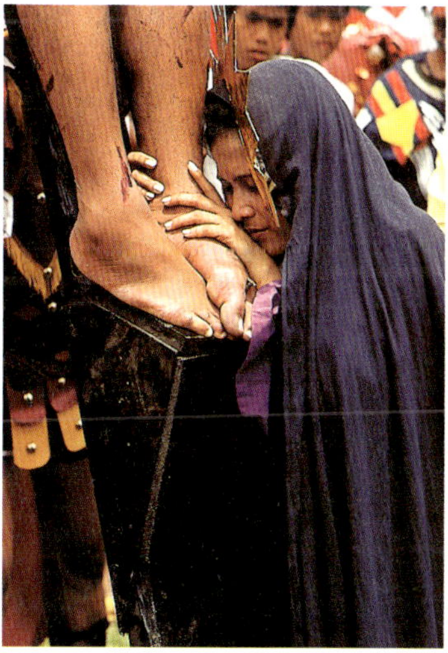

Moriones Festival (Marinduque)

Seite 41

Zwei landschaftliche Höhepunkte erwarten Sie in der Umgebung von ***Iriga** an der Grenze zur *Provinz Albay*. Wie eine schützende Bastion ragt **Mt. Iriga** 1143 m hoch im Osten der Stadt auf. Seit fast 350 Jahren schläft der Berg, nachdem die Eruptionen von 1650 den einst wohlgeformten Kegelvulkan fast in Stücke gerissen haben. Dabei entstand der **Lake Buhi**, in dem der *Sinarapan* oder *Tabius* lebt, der mit 1 cm Länge kleinste Speisefisch der Welt. Im Aquarium der Municipal Hall des netten Ortes ***Buhi** schwimmen einige Exemplare des inzwischen geschützten *Tabius* zum Anschauen.

Weiße Wolken aus heißem Dampf kündigen die geothermischen Kraftwerke und Heißluftquellen von **Tiwi** an; Thermalquellen laden zum entspannenden Bad. Dann rückt der rauchende Vulkan Mayon in unmittelbare Nähe. An der Südostflanke des „schönen Berges" – was *Mt. Mayon* bedeutet – vorbei führt der Highway in die Stadt **Legazpi**, 551 km. Die Hauptstadt (122 000 Einw.) der *Provinz Albay* ist nach dem ersten spanischen Generalgouverneur der Philippinen, Miguel Lopez de Legazpi, benannt. 1639 gegründet, hat sie außer der 1834 erbauten *San-Raphael-Kirche* gegenüber der Plaza Rizal mit einem Altar aus Vulkangestein keine nennenswerten historischen Sehenswürdigkeiten aufzuweisen. Lebhaft ist der Betrieb am *Hafen*, wo das *Headless Monument*, eine kopflose Statue an der Einmündung der Lapu-Lapu Street in die Quezon Avenue, an die Greueltaten der japanischen Besatzer erinnert. Vom *Kapuntukan Hill* aus liegen Ihnen Hafen und Bucht von Legazpi vor der beeindruckenden Kulisse des majestätischen Mayon zu Füßen.

4

Seite 41

ⓘ **DOT**, Peñaranda Park,
☎ 05221/44492.
Ⓗ **Mayon International Hotel**, Taysan Hills, ☎ 05221/455 028, FAX 455 065. First-class-Hotel, mit 2 Restaurants, Swimmingpool und Disko. $$
Hotel Victoria, Rizal St., ☎ 205221/2101, FAX 23 439. Gut eingerichtete Zimmer, Restaurant, kleines Café mit ausgezeichnetem Frühstück. $$
Legazpi Tourist Inn, Lapu-Lapu St., ☎ 05221/23 533. Angenehme Pension mit kleinem Restaurant. $
Ⓡ **Paayahayan**, Peñaranda Extension. Philippinische Spezialitäten, Fischgerichte. $$
Waways Eatery, Peñaranda St. Bicolano-Küche, vor allem *Bicol Express*. $

Der 2462 m hohe ***Mt. Mayon**, wegen seiner fast perfekten Kegelform bewundert, ist eine gefährliche Schönheit. Seit seine Eruptionen 1616 erstmals dokumentiert wurden, gehen mindestens 1300 Todesopfer und Zigtausende Obdachlose auf sein Konto. Bei seinem vorerst letzten Ausbruch 1993 riß ein Lavastrom einen Teil seiner Spitze mit, seitdem ist die Symmetrie etwas gestört. Das DOT von Legazpi gibt Auskunft über die nicht einfache Zweitagestour zum Gipfel. Warme Kleidung und vor allem ein Führer sind wichtig.

An die Zerstörungskraft des Berges erinnert eindrucksvoll die Kirchturmruine von ***Cagsawa**; 1814 wurde der gesamte Ort unter Lava und Asche begraben. Nicht weit entfernt errichteten die Überlebenden ihr neues Dorf **Daraga** und eine neue Kirche.

Interessantes aus der Vorzeit zeigt das kleine Museum nahe der Kirche in ***Camalig**, 25 km nordwestlich von Legazpi. 1972 hatte man in den nahen ***Hoyop-Hoyopan-Tropfsteinhöhlen** Knochen und Grabbeigaben gefunden, deren Alter auf mindestens 2000 Jahre geschätzt wird. Mehrere andere Höhlen in der Umgebung reizen ebenfalls zu aufregenden Trips ins Reich der Fledermäuse (Führer im Ort oder über DOT, Legazpi).

Bei **Santo Domingo**, 15 km nordöstlich von Legazpi, werben mehrere Hotels am 11 km langen Lavastrand am Golf von Albay um Gäste. Auf den vorgelagerten Inseln lassen bessere, weiße Strände, gute Schnorchelgründe und der allgegenwärtige Mayon am Horizont Südsee-Stimmung aufkommen.

Visayas

Seite 63

Auf Magellans Spuren durch die Inselwelt

Die Inselwelt der Visayas zwischen Luzon und Mindanao bietet vor allem Erholung und Badespaß. Vulkangipfel und Zuckerfabriken auf Negros, die Kirchenküste von Panay und die mysteriösen „Schokoladenhügel" von Bohol sind nur einige der anderen Attraktionen, die einen mindestens vierzehn Tage dauernden Aufenthalt ausfüllen. Ausgelassene Feste zeugen von der unbeirrbaren Lebensfreude der Visayas-Bewohner. Seit dem 16. Jh., als die Spanier von hier aus das Land eroberten, ist Cebu City Mittelpunkt der Visayas; dort konzentriert sich heute der Tourismus der Region. Aber auch dank vieler anderer Flug- und Seehäfen können Sie jede der größeren Visayas-Inseln von zahlreichen Städten der Philippinen direkt ansteuern.

*Cebu

Kahle, schroffe Berge, ausgetrocknete Flußtäler – wer sich Cebu aus der Luft nähert, würde kaum vermuten, daß es die bedeutendste Urlaubsinsel der Philippinen ist. Und doch gehört der florierende Fremdenverkehr neben Bergbau (bei Toledo werden die größten Kupfervorkommen Südostasiens abgebaut), verarbeitender Industrie, Ackerbau und Fischfang zu den wichtigsten Einkommensquellen der fast 3 Millionen Cebuanos. Eine verkehrsgünstig gelegene Hauptstadt und schöne Strände ringsherum sind die Trümpfe der 300 km langen, maximal 40 km breiten Inselprovinz; auch etliche der 166 Nebeninseln, allen voran Mactan (s. S. 62) mit internationalem Flughafen und luxuriösen Resorthotels, haben den Anschluß an die Welt gefunden – zumal das angenehme Klima keine ausgesprochenen Trocken- und Regenzeiten aufweist, und die Luftfeuchtigkeit mit einem Durchschnittswert von 80 % erträglich ist.

*Cebu City

Die „Königin des Südens" ist eine an kulturellen Sehenswürdigkeiten reiche Stadt und idealer Ausgangspunkt für Reisen in der Inselwelt der Visayas. Als Magellan mit seiner kleinen Flotte nach seiner Pazifiküberquerung hier im April 1521 landete, trieben die Bewohner schon Jahrhunderte lang Handel mit Arabern, Chinesen und Siamesen. Magellan hatte trotz einer Massentaufe und Blutsbrüderschaft mit dem herrschenden *Raja Humabon* Pech: Lapu Lapu, der Fürst der Nachbarinsel Mactan, tötete ihn. Erst Miguel Lopez de Legazpi konnte 1565 Cebu unterwerfen. Heute leben in Cebu City, der drittgrößten Stadt der Philippinen, fast 700 000 Menschen.

Das ***Fort San Pedro** von 1738 erfüllt heute eine friedliche Funktion: Auf restaurierten Mauern und zwischen alten Kanonen spazieren Sie geruhsam um eine gepflegte Gartenanlage mit Restaurant herum. Im Innern präsentiert das *National Museum* die erst 1994 geborgenen Funde von der „San Diego", einer 1600 vor Batangas gesunkenen Galeone (◷ tgl. 9–18 Uhr.)

Über die gegenüberliegende *Plaza de Independencia* gelangen Sie in die stets mit Leben erfüllte Altstadt von Cebu City und zum *Rathaus*. Einen Straßenblock weiter steht in der Magellanes Street ein kleiner Pavillon mit ***Magellan's Cross** – d. h. mit den angeblichen Überresten des Kreuzes, das der Seefahrer 1521 errichten ließ.

Ganz in der Nähe steht am Osmeña Boulevard die älteste Kirche des Landes: Die Ursprünge der ***Basilica Minore del Santo Niño** gehen auf die Zeit kurz nach Legazpis Ankunft zurück.

Hauptanziehungspunkt ist eine kleine Jesuskind-Figur, zu der täglich unzählige Gläubige pilgern. Magellan soll sie mitgebracht und der Frau von Raja Humabon anläßlich ihrer Taufe geschenkt haben. 1565 fand einer von Legazpis Soldaten die Figur nahe der Basilika. Seitdem verehren die Cebuanos Santo Niño als Schutzpatron und feiern ihn alljährlich ausgelassen beim Sinulog-Fest (3. Wochenende im Januar).

Direkt am Wasser können sich Souvenirjäger auf dem bunten, quirligen **Carbon Market** umsehen. Über die **Colon Street** erreichen Sie dann Geschäfte, Kinos und Restaurants der Downtown. Die sogenannte Unterstadt können Sie stilecht auch in einer *tartanilla*, einer einachsigen Pferdekutsche – Pendant zu Manilas *kalesas* – erkunden. Zur Oberstadt, der besseren Wohngegend, führt der breite *Osmeña Boulevard*, benannt nach Sergio Osmeña, dem Präsidenten des Philippine Commonwealth (1944–1946), der auf Cebu geboren wurde.

Zwei interessante Museen lohnen einen Besuch: In der **University of San Carlos,** der ältesten Hochschule des Landes in der P. del Rosario Street, sind anthropologische, archäologische und naturwissenschaftliche Exponate gesammelt (🕓 Mo–Fr 9–12, 14–17 Uhr, Sa 9–12 Uhr, während der Semsterferien geschl.). Das * **Casa Gorordo** in der Lopez Jaena Street zeigt eindrucksvoll den Lebensstil der reichen Mestizen vor etwa 100 Jahren, die hier im einst exklusiven *Parian-Viertel* residierten (🕓 Mo–Sa 9–12, 14–18 Uhr).

Rund 5 km westlich des Stadtkerns thront im Vorort Lahug, weithin sichtbar über dem Millionärsviertel *Beverly Hills,* der **Taoist Temple,** Heiligtum der vielen Chinesen der Stadt.

ℹ DOT, GMC Plaza Independencia Bldg. (nahe Fort San Pedro), ☎ 032/91 503, 61 873. Service-Schalter im Mactan International Airport.
✈ Mactan International & Domestic Airport, ca. 15 km von Cebu City ent-

Auf dem Carbon Market

Magellans Kreuz

Taoist Temple

Seite 63

fernt; Shuttle-Busse und Taxis (Preis aushandeln, ca. 160–200 P).

Verbindungen nach Manila und zu allen größeren südlichen Inseln (Negros, Panay, Mindanao, Bohol) ab Hafenpier nahe dem Zentrum.

Busse zu allen Orten der Insel und nach Negros.

Seite 63

Cebu Plaza Hotel, Nivel Hills, Lahug, ☎ 311 231, FAX 312 064. Bestes Hotel der Stadt, etwas außerhalb. $$$

West Gorordo Hotel, Gorordo Ave., ☎ 231 4347, FAX 231 1158. Ein sehr sauberes Haus. $$

Fuente Pension House, 13 Don Julio Llorente St., ☎ 21 4133, FAX 22 4365. Komfortabel und gepflegt, ruhig gelegen. $

Café Adriatico, F. Ramos St. Sehr gepflegte Atmosphäre, dezente Musik und erlesene internationale Küche. $$$

Lighthouse Restaurant, General Maxilom Ave. Philippinische Küche, darunter ausgezeichnete Seafood-Gerichte, wird hier *kamayan* – mit den Fingern der rechten Hand – gegessen. Außerdem japanische Speisen. $$

Sammy's, Osmeña Blvd. Bei Einheimischen beliebt, denn hier gibt's rund um die Uhr die Leibspeise der Cebuanos: *Pochero*, ein leckerer Eintopf mit Gemüse, Kartoffeln und Rindermarkknochen. $

Ausflug auf die Insel *Mactan

Die 864 m lange Mactan Bridge verbindet die Hauptinsel Cebu mit der flachen Koralleninsel, die außer dem großen Flughafen einen Teil der Seehafenanlagen von Cebu City und verschiedene Industriebetriebe beherbergt. Auf Mactan konzentriert sich auch der Tourismus der Region, denn an der Südostküste reihen sich zahlreiche Luxusresorts aneinander; Tagesbesucher erhalten gegen Gebühr Zutritt. An den Stränden von **Marigondon** und **Maribago** läßt es sich so richtig faulenzen und in frischem, gegrilltem Fisch schwelgen. Leider sind die Riffe um Mactan durch jahrelanges Dynamitfischen sehr mitgenommen. Bei Mari-

VISAYAS
0
50 km
N
Legazpi
Bacon
Sorsogon
Gubat
Pio
Duran
Pilar
Donsol
Magallanes
Irosin
Luzon
Bulan
Matnog
San
Jacinto
Ticao
Aroroy
Masbate
Uson
Palanas
Milagros
Masbate
Cataingan
Cawayan
Placer
Allen
Catarman
Laoang
Palapag
Samar
Oras
Dolores
Calbayog
Gandara
Catbalogan
Biliran
Naval
Borongan
Calubian
Leyte
Carigara
San Juanico
Bridge
Basey
Alangalan
Tacloban
Daan-
bantayan
Tabango
Villaba
Kananga
Palo
Tanauan
Bantayan
Santa
Fé
Bantayan
San
Remigio
Bogo
Palompon
Ormoc
Mt.
Lobi
1350
Dulag
Guiuan
Sagay
Escalante
Leyte
Abuyog
Homonhon
Sogod
Camotes
Toboso
Tuburan
Baybay
Asturias
Carmen
San
Francisco
San
Carlos
Cebu
Danao
Sogod
Hinunangan
Toledo
Mandaue
Liloan
Hilongos
Bato
Valle-
hermoso
Cebu
City
Mactan
Matalom
Lapu-Lapu
Dinagat
Naga
Talibon
Liloan
Barili
Carcar
Ubay
Maasin
San
Francisco
Sibonga
Inabanga
Dinagat
Moalboal
Argao
Tubigon
Pintuyan
Carmen
Surigao
Loon
Maribojoc
Chocolate
Hills
Dalaguete
Guindulman
Tagbilaran
Loboc
Jagna
Laoay
Malabuyoc
Panglao
Bohol
Lake
Mainit
Santander
Dumaguete
Mindanao
Mambajao
Siquijor
Cabadbaran
Siquijor
Camiguin
Buena-
vista
Butuan
Dipolog
Nasipit

bago an der Ostküste haben sich einige Gitarrenbauer einen Namen gemacht (s. S. 65).

Seite 63

Ⓗ **Shangrila's Mactan Island Resort,** Punta Engano Rd., Lapu-Lapu City, ☎ 231 0288, FAX 231 1688. Das teuerste und luxuriöseste Haus der Provinz mit 360 Zimmern und mehreren Restaurants. ($$)
Maribago Bluewater Beach Resort, Buyong, ☎ 211 620, FAX 501 0633. Angenehme, gut ausgestattete Anlage an sauberem Strand mit großem Sportangebot (Tauchen, Wasserski, Tennis, Windsurfen), Restaurant. Tagesgäste sind willkommen. ($$)
Tambuli Beach Resort, Buyong, ☎ 211 543, FAX 211 545, Obwohl schon einige Jahre alt, ist die Anlage mit Wassersportmöglichkeiten (Hobie Cat, Windsurfen) und einem guten Restaurant immer noch sehr beliebt. ($)
Ⓡ **Café Cesario** in Cesar's Mansion, Lapu-Lapu City. Gute philippinische und internationale Küche. ($)

Gute Straßen erschließen vor allem die Küsten der Insel Cebu. Nach Verlassen von Cebu City erreichen Sie nach eineinhalbstündiger Busfahrt das Städtchen **Argao** im Südwesten. Strandresorts unterschiedlicher Standards liegen an mehreren Buchten hintereinander.

Ⓗ **Argao Beach Club,** ☎ 032/746 1165, FAX 314 365. Luxusresort an Privatstrand, Pool, Tauchen. ($$)
Bamboo Paradise. Freundliche Anlage mit hilfsbereiten deutsch-philippinischen Besitzern. Sehr gute Küche. ($)
Urlaub aktiv: **Argao Scuba Center,** ☎ 032/217 366, FAX 211 075. Tauchkurse und -ausflüge, Verleih von Ausrüstung.

Um zur Konkurrenz auf der anderen Inselseite zu kommen, nehmen Sie entweder die etwas mühsame Fahrt über kleine, nur im trockenen Zustand befahrbare Straßen von Argao oder Dalaguete auf sich. Oder Sie fahren nordwärts bis **Carcar,** wo eine altspanische Kirche und Kolonialhäuser zu einem kurzen Stopp einladen, und gelangen so nach * **Moalboal.** Leider hat das nahe Riff ein hier seltener, aber kräftiger Taifun 1984 aufgerieben. Daher bringen die Tauchveranstalter ihre Kunden zur vorgelagerten Insel **Pescador** hinaus. Tauchfahrten offeriert beziehungsweise vermittelt jede Unterkunft; die gute Auswahl an Restaurants und ein paar Bars gewährleisten Abwechslung nach Sonnenuntergang. Der neue Hit in und um Moalboal sind Mountainbikes; 2-Stunden-Trips, aber auch ganztägiges Strampeln quer über die Insel bietet das organisierte Programm.

Ⓗ **Serena Beach Club.** Luxuriöse Anlage am White Beach, Moalboal. ($$)
Moalboal Reef Club Diving Lodge, Panagsama Beach. Hier hat etwas weißer Sand überlebt. Angenehme Zimmer. ($)
Sunshine Pension House, Panagsama Beach. Nette Vermieter, einfache, saubere Zimmer, etwas abseits vom Trubel. ($)

Rund 10 km südlich von Moalboal liegt der Ort * **Badian.** Die gleichnamige Insel in einer geschützten Lagune ist eine Ferienidylle, die einige große Reiseveranstalter bereits in ihren Katalogen anpreisen.

Ⓗ **Badian Island Beach Resort,** ☎ 032/253 6452, FAX 253 3385. Luxusanlage mit großem Freizeitangebot (Tauchen, Pool, Windsurfen, Ausflüge). ($$)
Cebu Green Island Golf & Beach Resort, Lambug, Badian. ☎ 032/73 980, FAX 311 269. Eigener 18-Loch-Golfplatz, Tauchen, Wasserski. ($$)

Ein weiterer Schwerpunkt des regionalen Fremdenverkehrs entwickelt sich allmählich im nördlichen Cebu. Beispielsweise im zwei Busstunden von Cebu City entfernten **Sogod,** wo zwei exklusive Resorts zum Aufenthalt an der Camote-See einladen.

Ⓗ **Cebu Club Pacific Beach Resort,** Sogod ☎ 032/21 292, FAX 314 621. ($$)

Seite 63

Alegre Beach Resort, Sogod.
☎ 032/254 9800, FAX 254 9833. $$
Beide Anlagen haben Tennis, Hobie Cat, Windsurfen und Tauchen im Angebot.

Ziemlich neu auf der touristischen Landkarte sind die Inseln im äußersten Norden, darunter * **Bantayan Island.** Trotz einiger Strandresorts ist die Insel noch ruhig. Reizvolle Strände finden Sie vornehmlich an der Südküste zwischen *Santa Fé* und Maricaban. Eine Fähre pendelt zweimal täglich zwischen *Hagnayan* im Nordwesten von Cebu und Santa Fé. Geplant sind Flugverbindungen von Cebu und Negros.

H **Santa Fé Beach Resort,**
☎ 032/253 1339. Sehr gutes Restaurant, gepflegte Zimmer. $$
Budyong Beach Resort, Santa Fé.
Die preiswertere, aber ebenfalls sehr angenehme Alternative auf Bantayan. Restaurant. $

Wunder Unterwasserwelt

Gitarrenbauer auf Mactan

Die Gitarrenbauer von Mactan

Ausgerechnet auf der Insel, wo den Spaniern 1521 in blutigem Schlachtengetümmel beinahe der Garaus gemacht wurde, haben die Nachfahren des kriegerischen Lapu Lapu ein ganz friedliches Handwerk erlernt, und das auch noch in Nachahmung der einst verhaßten Spanier. Zusammen mit ihren Frauen und Kindern fertigen die Mactaner Gitarren und andere Zupfinstrumente. Zwar ist die Zahl der Familienbetriebe – nach Ende des Zweiten Weltkrieges waren es noch mehr als 500 – zugunsten einiger großer Guitar Factories wie Susing oder Lilang geschrumpft, doch inzwischen sind neben den vielen *Sistas* (kleine, einfache Gitarren), *Ukulelen, Mandolinen* und *Banjos* für den einheimischen Markt auch Instrumente erhältlich, die problemlos ein herberes Klima aushalten.

Saiteninstrumente spielen die Filipinos schon seit vielen Jahrhunderten, lange vor Ankunft der Spanier. Als *Kudlungan* existiert z. B. bei den T'boli auf Mindanao und bei den Pala'wan noch ein fast zwei Meter langes Holzinstrument; ebenfalls auf Palawan zupft auf traditionelle Weise manch verliebter Jüngling das *Pagang,* ein Stück Bambusrohr, an dem abgelöste Rindenstreifen zu tönenden Saiten umfunktioniert wurden. Den philippinischen Hang zur Romanze konnten spanische Gitarren und der bis heute lebendige Serenaden-Brauch bestens unterstützen.

Und wenn Sie die lauen Tropennächte der Visayas ähnlich animieren sollten – wie gesagt, die modernen Gitarren made in Mactan lassen sich auch zu Hause spielen, vorausgesetzt, Sie fragen nach einem Instrument mit Exportqualität, das für rund 180 DM zu haben ist. Stabile Gitarrenkoffer, die beim Flugtransport notwendig sind, gibt's natürlich auch.

Seite 63

** Bohol

Etwa 900 000 Menschen bewohnen die zehntgrößte philippinische Insel und die 72 kleinen Nebeninseln. Der Großteil der fleißigen Boholanos lebt von Fischfang und Landwirtschaft, vor allem der Kopraproduktion. Die tief religiösen Insulaner bezeichnen ihre Heimat als „Gottes kleines Paradies". Zufrieden sind auch die Touristen. Denn hier finden sie das ganze Spektrum philippinischer Reize: farbenprächtige Tauchgründe, weite, saubere Strände, Urwald in den Bergen – wo noch einige Exemplare des Koboldmaki oder *Tarsius* leben, eines maximal 18 cm großen Halbäffchens –, malerische Fischerdörfer und als Hinterlassenschaft der einstigen Kolonialherren wuchtige Barockkirchen. Nicht zu vergessen die kuriose Landschaftsform der *Chocolate Hills,* das topographische Wahrzeichen von Bohol.

Tagbilaran heißt die Inselmetropole (50 000 Einw.) an der Südwestspitze. Was ihr an Sehenswürdigkeiten fehlt, macht sie durch Charme wett. Schlendern Sie über die Märkte der Innenstadt, beispielsweise den quirligen *Agora Market,* staunen Sie über das reichhaltige Angebot an Lebensmitteln und suchen Sie nach Souvenirs – Web- und Flechtarbeiten, Kunsthandwerk aus Perlmutt und Kokosnüssen. Wenn Sie die beliebteste Spezialität Bohols kennenlernen wollen, fragen Sie nach *Kalamay,* einer Süßspeise aus Reis, Kokosnußmilch und Zucker.

Rund um die gepflegte Plaza stehen das restaurierte Capitol und die im 18. Jh. von Jesuiten erbaute Kirche.

Ⓗ **Bohol Tropics Resort Club,** Graham Ave., ☎ 038/411 3510, Fax 411 3019. In der gepflegten Anlage mit Pool, Tennisplatz und Disko werden auch Cottages direkt am Meer vermietet. $$
Gie Garden Hotel, M. H. del Pilar St., ☎ 038/411 3182. Alteingesessenes, nettes Hotel mit gutem, preiswertem Restaurant. $

Ⓡ **Agora Market.** Abends gibt es auf dem Vorplatz an diversen Grillständen leckere Kleinigkeiten. $
Köstliche Seafood-Gerichte werden in mehreren kleinen Restaurants am Pier serviert. $

Zwei Brücken verbinden Tagbilaran mit * **Panglao,** einer unter Naturschutz gestellten Insel. Sie lockt verstärkt Urlauber mit schönen und weiten Stränden im Süden (Alona Beach) und im Nordwesten an, wo etliche, zum Teil recht komfortable Unterkünfte errichtet wurden. Das Riff, das fast ganz Panglao Island umgibt, garantiert an vielen Stellen wunderbare Schnorchel- und Taucherlebnisse. Etwas beeinträchtigt wird das Baden in Ufernähe durch Seegras und Seeigel. Die um Bohol gelegentlich anzutreffenden Seeschlangen sind zwar giftig, haben aber nur winzige Mäuler, denen ein menschlicher Körper kaum Angriffsflächen bietet. Die neueste Attraktion ist Walbeobachtung; die Boote fahren vornehmlich zwischen April und Juni von Alona Beach in die Mindanao-See hinaus.

Ⓗ **Bohol Beach Club,** Bolod, Privatstrand abseits von Alona Beach, ☎ Cebu City, 032/314 020. Komfortable Anlage (Tauchen, Pool, Glasbodenboot u. a.). $$$
Alona Kew White Beach, Tawala, ☎ 038/411 2615, Fax 411 2471. Angenehme, unterschiedlich große Cottages. Das Restaurant ist sehr beliebt. Surfbrett-, Motorrad- und Autoverleih (mit Fahrer). $$
Bohol Divers Lodge, Alona Beach, ☎ 038/198 811, Fax Cebu City, 032/253 6993. Gut geführte Anlage. Restaurant, Tennis, Tauchen, Boots- und Landausflüge. $$

Eine farbenprächtige Unterwasserwelt hat * **Balicasag** bekannt gemacht. Das artenreiche Korallenriff dieses Eilands, etwa 10 km südwestlich von Panglao, ist ebenfalls als Meeresschutzzone ausgewiesen. Boote verkehren von Alona Beach aus.

Ⓗ **Balicasag Island Dive Resort,** ☎ 038/3369, 📠 411 2192. Adrette Cottages, Restaurant, Tauchkurse und -ausflüge. ($$)

Kirche in Baclayon

15 km nordwestlich von Tagbilaran steht in **Maribojoc** der 1796 erbaute *Punta-Cruz-Wachturm,* von dessen Zinnen man vor allem nahende Piratenschiffe zu erspähen hoffte.

Seite 63

In * **Baclayon,** 6 km östlich von Tagbilaran, zeugt die 1595 von Jesuiten errichtete Kirche vom starken Einfluß des spanischen Klerus auf Bohol. Ihr massiver Turm diente als Schutz vor Piraten, aber auch das Mittelschiff wirkt wie für die Ewigkeit gebaut. Versäumen Sie nicht, die geschnitzte Kanzel, die Ornamente des Altars und die alten Ölgemälde an den Kirchenwänden anzuschauen. Hier und da ruht auch ein Totenschädel in den Mauernischen.

Wachturm von Maribojoc

Eine erholsame Bootsfahrt auf dem malerischen, von Bambuswäldern und Buschwerk umsäumten **Loboc River** bietet sich entweder ab *Loay* oder von * **Loboc** aus an. In Loboc sollten Sie vorher einen Blick in die 1602 erbaute * *San Pedro Church* werfen, die mit ihren naiven Deckenmalereien aus dem 19. Jh. besticht.

Zur landschaftlichen Sensation Bohols, den ** **Chocolate Hills,** sind es ab Loboc etwa 40 km auf schlaglochreicher Straße bis *Carmen* im Inselinnern. Dann stehen Sie mittendrin in den „Schokoladenhügeln“: Genau 1268 Erdbuckel sind es, rund 40 m hoch. Nach Ansicht der Geologen haben Wetter und Winderosion die jahrtausendealten Kalkkegel geschaffen. Im Volksmund heißt es, daß die an Schokoladenkugeln – eine Spezialität der Hausfrauen von Bohol – erinnernden Hügel die Wurfgeschosse zweier Giganten seien. Die Romantiker unter den Legendenerzählern wissen von versteinerten Tränen eines anderen Riesen zu be-

Chocolate Hills

richten, der sie aus Trauer um seine verstorbene Geliebte vergossen habe. Den schönsten Blick auf das einzigartige Panorama haben Sie von einem der höchsten Buckel, auf den sich eine Straße hinaufschlängelt. Wenn Sie im dort oben angelegten Hotel (Ⓗ *Chocolate Hills Complex*, einfache Zimmer mit Bad, Restaurant; $) übernachten, genießen Sie die Schokoladenhügel am besten vor dem Frühstückskaffee, bevor sie im diffusen Licht der höher steigenden Sonne „dahinschmelzen“.

Seite 63

* Negros

Zwischen Cebu und Panay liegt die mit 12 748 km² Fläche viertgrößte der philippinischen Inseln. Ihre Landschaft teilt sich großräumig in das Tablas-Plateau im Süden, die drei Vulkanmassive – Mt. Silay (1534 m), Mt. Mandalagan (1880 m) und der tätige Vulkan Mt. Kanlaon (2465 m) – im Norden sowie die umliegenden Tiefebenen, wo fruchtbare Lavaböden intensive, vom Zuckerrohranbau dominierte Landwirtschaft zulassen. Die seit 1856 betriebene Zuckerindustrie zog viele Zuwanderer von den Nachbarinseln nach Negros. Die Höhen und Tiefen des Zuckergeschäfts bedingten jedoch extreme soziale Gegensätze unter den 3,5 Millionen Inselbewohnern. Negros wurde zu einer Hochburg der linken NPA-Rebellen. Reiche Großgrundbesitzer profitieren seit Generationen vom süßen Rohr, Unterernährung und Krankheiten dagegen sind das Joch der ausgebeuteten Landarbeiter. Erst allmählich trennen sich die Zuckerbarone von der Monokultur mit der Abhängigkeit vom Weltmarkt; gemischter Feldbau (Obst- und Nußbäume, Reis), Garnelenzucht und Bergbau (vor allem Kupfer, Gold, Mangan, Silikat) sollen die Wirtschaft stabilisieren. Auch der bislang spärliche Fremdenverkehr nimmt zu auf Negros, wo es außer der fruchtbaren Vulkanlandschaft, Bergwälder, schöne Strände, Höhlensysteme und vor allem liebenswürdige Städtchen zu entdecken gibt.

Bacolod

Die mit über 350 000 Einwohnern größte Stadt von Negros verkörpert die neue Hoffnung. Westlich des Zentrums wächst auf einem dem Meer abgetrotzten Terrain die „City of Future“ mit Einkaufs- und Unterhaltungszentren. Ein Bummel über den *Public Market* und die gepflegte *City Plaza* sowie der **Golden Field Commercial Complex** im Süden der Stadt geben einen Eindruck von der Bedeutung der Stadt für die westliche Visayas-Region. Mehrere landesweit bekannte *Antiquitätengeschäfte* sind einen Besuch wert (z. B. *Torres Collection*, Magsungay; *Vega Antique Collection*, 19th St.). Eine führende Position nimmt Bacolod auch in der *Keramikherstellung* ein; eine Besichtigung der kleinen Familienbetriebe (z. B. *NLS Ceramics*, Mandalagan; *MDS Ceramics*, Roario St.) lohnt.

Jedes Jahr am Wochenende, das dem 19. Oktober am nächsten liegt, feiert Bacalod sein **Masskara Festival:** Die Bewohner ziehen singend, bunt kostümiert und mit lächelnden Maskengesichtern durch die Straßen.

ℹ **DOT,** Bacolod Seawall, ☎ 034/29 021.

Ⓗ **Bacolod Convention Plaza,** Magsaysay Ave./Lacson Str., ☎ 034/83 551, FAX 22 356. Die luxuriöseste Unterkunft von ganz Negros. $$$

Bacson Hotel, Gonzaga St., ☎ 034/23 141, FAX 433 1393. Angenehmes Haus in der Innenstadt, gepflegtes Restaurant. $$

Ester Pension, Araneta St., ☎ 034/23 526. Klein und sauber. $

Ⓡ **Ang Sinugba Restaurant,** San Sebastian St. Köstliche Seafood-Gerichte. Hier können Sie auch die Spezialität der Visayas, *Chicken Binakol* (in Bambus oder Bananenblatt gedünstetes Huhn), probieren. $$

The Basement, Gatuslao/Burgos Sts. Gute Steaks und Negros-Spezialitäten. $$

Manokan Country, Reclamation Area. Zahlreiche Garküchen brutzeln und

Seite 63

grillen abends auf Hochtouren. ($)

In **Mambucal,** 31 km südöstlich von Bacolod, läßt der *Vulkan Kanlaon* seinen heißen Atem spüren. Im 400 m hoch am Berghang gelegenen Erholungsort sind schwefelhaltige, heiße Quellen, Schwimmbecken und ein Dutzend Wasserfälle bevorzugtes Ziel der Städter. Der angrenzende * **Mount Kanlaon National Park** mit üppiger Regenwaldvegetation ist westliche Ausgangsbasis für die drei- bis viertägige Besteigung über die Westflanke (ℹ über National Mountaineering Club, ☎ 034/23 807, und beim Tourist Office in Bacolod).

Mount Kanlaon

Im Norden von Negros

Als „Paris von Negros" galt lange Zeit * **Silay,** 14 km nördlich von Bacolod, das noch rund 30 gut erhaltene Kolonialhäuser aus dem 19. Jh. sein eigen nennen kann. Besuchen Sie z. B. das * *Gaston Museum*. Ein prächtiges Interieur und alte Fotos lassen das einstige „dolce vita" der Zucker-Elite wieder lebendig werden.

Negros lebt vom Zuckerrohr

In **Victorias,** 11 km nördlich, können Sie in der Raffinerie *Vicmico* (Victorias Milling Company), einer der 18 Zuckermühlen von Negros, bei der Verarbeitung des Rohrs zu Melasse und Zucker zuschauen (Di–Fr 8–16 Uhr, Anmeldung beim Pförtner). Manchmal gestattet man auch die Mitfahrt auf einer der Oldtimer-Loks, die hier auf einem 350 km langen Schienenstrang eingesetzt werden.

Unbedingt sehenswert ist die * *St. Joseph the Worker Chapel* auf dem Gelände von Vicmico. Das Altargemälde „The Angry Christ" des belgisch-amerikanischen Künstlers Ade de Bethune ist die Attraktion, denn ein solch zorniger Gesichtsausdruck des Gottessohns ist zumindest auf den Philippinen einmalig.

Nur 5 km *Cadiz* an der Nordküste vorgelagert ist die kleine Insel ***Lakawon** ein idealer Ort zur Erholung am weißen Strand (Ⓗ *Lakawon Island Resort*, ☎ 034/21 641. Einfache Bungalows, Zelte, Restaurant; Ⓢ).

Seite 63

Der Süden von Negros

Eine der charmantesten Städte des Landes ist ***Dumaguete** (65 000 Einw.), Hauptstadt von Negros Oriental. Es ist nicht nur die 1901 gegründete *Silliman University* – die einzige protestantische Hochschule der Philippinen – mit einem sehenswerten ethnographischen Museum, die dem Ort ein fast mediterranes Flair verleiht. An der gepflegten *Uferpromenade* kann man gemütlich schlendern, auf dem *Markt* in Ruhe die Stände begutachten, in Straßenlokalen und netten Restaurants einkehren.

ⓘ **DOT,** Capitol Area, ☎ 03522/3218.
Ⓗ **Hotel El Oriente,** Real St., ☎ 03522/3486. Gutes Haus mit unterschiedlich großen Zimmern. ⓈⓈ
Al Mar Hotel, Rizal Blvd., ☎ 03522/52 567. Einfache, saubere Zimmer, Restaurant. Schön gelegen an der Uferpromenade. Ⓢ
Ⓡ **Lab-as Seafood Restaurant,** Looc/E. J. Blanco Rds. (etwas außerhalb in nördl. Richtung). Köstliches Seafood. ⓈⓈ
Aldea, Perides/San Juan Sts. Dachgartenrestaurant mit Filipino- und China-Küche. Ⓢ

Südlich und nördlich der Stadt haben sich einige Strandresorts angesiedelt. Der Sand ist vielfach vulkanischgrauschwarz, aber sauber wie auch das Wasser. In Nachbarschaft zum **Panorama Haus,** einem Resort eines Schweizers in *Sibulan* (6 km nördlich; ⓈⓈ), hält das **International Dive Center** Tauchkurse ab.

Das Ausflugsangebot um Dumaguete kann sich sehen lassen: Touren zum erloschenen Vulkan Cuernos de Negros, Kraterseen, ein geothermisches Kraftwerk bei *Valencia*, traditionelle Wochenmärkte in den Fischerorten.

*Panay

Lebenslust und Frohsinn sind in den Visayas weitverbreitet. Ganz besonders gilt das für die 3,5 Mio. Bewohner von Panay. Das farbenprächtige *Dinagyang*-Fest von Iloilo City oder das wilde *Ati-Atihan*-Treiben von Kalibo locken jedes Jahr Tausende von Besuchern auf die 11 700 km^2 große Insel im Westen der Visayas.

An den Küsten findet man einige der schönsten Strände des Archipels. Der Großteil Panays besteht aus einer sanften Hügellandschaft und weiten Tiefebenen. Man lebt von Zuckerrohr-, Bananen-, Kokospalmen-, Bambus- und Reisanbau sowie von Fischfang und Tourismus. Iloilo, die größte der vier Provinzen, gilt als Reiskammer der Südphilippinen.

Die „Wilden" tanzen um das Jesuskind

„Hala Bira!" Gejohle und Trommelstakkato. „Puera Pasma! Viva Santo Niño!" Der vielfache Ruf, begleitet von einem ohrenbetäubenden Konzert auf Dosen und Blechkanistern holt auch den erschöpftesten Schläfer wieder auf die Straße. Samstagmorgen am dritten Wochenende im Januar in Kalibo auf der Insel Panay: Das Ati-Atihan-Fest lärmt, tanzt und bebt in den zweiten Tag. Hunderte von Männern, Frauen und Kindern, alle in exotische, bunte Kostüme gekleidet, sind auf den Beinen. Ihre dunklen Augen funkeln, die Gesichter sind umrahmt von Federn, Tüchern, Hauben und Helmen: farbensprühend, wie aus dem Regenbogen geschnitten. Im schnellen Rhythmus der Trommeln schwingen geballte Fäuste Speere, Keulen, Kruzifixe und Schnapsflaschen. Manche der Tanzenden wiegen in den Armen das Jesuskind, als Statuette mit goldbesticktem Gewand, blonden Locken und bleichem Puppenkopf – welch ein Kontrast zu

* Iloilo City

Die Reis- und Zuckerwirtschaft ließ die Stadt Iloilo (Ilo-Ilo ausgesprochen) an der Mündung des Iloilo-„Flusses“ (tatsächlich ist es eine lange Meereslagune) schnell wachsen. Zahlreiche Kolonialvillen, moderne Einkaufszentren und Hotels zeugen vom anhaltenden Einfluß wohlhabener Familien in der Stadt mit rund 350 000 Einwohnern. In der verkehrsreichen Innenstadt fallen die für Iloilo typischen Jeepneys auf – im alten Cadillac-Stil mit viel Chrom und ausladenden Kotflügeln. Den besten Einstieg in die Geschichte von Stadt und Insel vermittelt Ihnen das * **Museo Iloilo** am Bonifacio Drive (neben Provincial Capitol). Neben interessanten Details zur Lebensweise der Ureinwohner sind volkskundlich und historisch bedeutsame Exponate (u. a.

Kalibo feiert das Ati-Atihan-Fest

Seite 63

den rabenschwarzen Gesichtern der Akteure, die mit ihren rußigen Händen in die umstehende Menge fahren, um die Hellhäutigen zu „taufen“. Mit dem Anschwärzen der Gesichter soll alles begonnen haben. Im 13. Jh., so erzählt man sich die Entstehungslegende des Festivals, waren zehn malaiische Häuptlinge mit ihrer Gefolgschaft vor einem grausamen Herrscher aus Borneo übers Meer nach Panay geflohen. Dort trafen sie auf die Ati, dunkelhäutige Halbnomaden, die friedfertig von Jagd und Landwirtschaft an den Küsten lebten. Angesichts deren berechtigten Mißtrauens wirkte ein Trick der Eindringlinge Wunder: Sie schmierten sich Holzkohlenruß ins Gesicht, um den Schwarzen weniger fremd zu sein. Jetzt konnten die Neuankömmlinge mit zusätzlichen Geschenken wie Goldschmuck und Perlen die Insulaner überreden, sich in die Berge zurückzuziehen und ihnen die fruchtbare Küste zu überlassen. In Erinnerung an diese Art von Verbrüderung zwischen den echten Ati und den falschen, den Atihan, wetteifern alljährlich zur Reiserntezeit in Kalibo etliche Tribus, Stämme, um den Preis für die beste Vorstellung.

Aber was macht dann *Santo Niño* inmitten der „Wilden“? Die katholischen Mönche gaben der heidnischen Legende einen neuen Inhalt: Das Christuskind soll den Bewohnern von Kalibo einmal beim Angriff muslimischer Piraten geholfen haben; seitdem ist Santo Niño unumstößlicher Mittelpunkt der drei tollen Tage. Bleibt noch zu erklären, warum die wetteifernden Gruppen unter dem Banner und mit den Aufklebern mehr oder weniger weltweit bekannter Firmen antanzen: Nun, die philippinische Kultur hat bekanntlich eine dritte wichtige Komponente – Kommerz made in den USA, in Hongkong, in Leverkusen! Drei Tage auf die Pauke hauen, sich gehenlassen und beten – Ati-Atihan ist eine Fiesta, wie sie philippinischer nicht sein könnte.

eine goldene Totenmaske aus präkolonialer Zeit) zu sehen. (⌚ tgl. 9–12, 13 bis 17 Uhr.) Auf dem **Public Market** (Iznart/Rizal Sts.) breitet sich das große Angebot an lokalen Handwerksprodukten vor Ihnen aus.

Seite 63

Nur Mauerreste markieren das **Fort San Pedro** von 1617 an der Mündung des Iloilo in die Straße von Guimaras. Heute können Sie im Freiluftrestaurant inmitten der Ruinen allabendlich würzige Hähnchen und kühles Bier genießen.

Heiß her geht es in Iloilo am vierten Januarwochenende, wenn anläßlich des **Dinagyang Festival** ein lautes und buntes Treiben in den Straßen herrscht; einzelne *tribus* (Stämme) wetteifern um die phantasievollsten Masken und Kostüme.

Jaro (Haro gesprochen) ist der Stadtteil nördlich der City, wo Sie außer der *Jaro Cathedral* von 1874, eine von zahlreichen Kirchen der Stadt, auch einige prunkvolle Villen aus spanischer Zeit bestaunen können.

Wenn Sie einmal sehen wollen, wie die für Panay typischen Textilarbeiten (Blusen, *Barong Tagalog*-Hemden, Tischdecken u. a.) aus Abaca- und Ananasfasern entstehen, gehen Sie ins *Asilo de Molo*, ein am Westrand des Stadtteils **Molo** gelegenes Waisenhaus, und schauen den Mädchen zu. Dort und in dem Familienbetrieb *Sinamay Dealer*, in einem wunderschönen Kolonialstilhaus des angrenzenden Ortsteils **Arevalo**, können Sie die wertvollen Naturfaserprodukte auch gleich kaufen.

DOT, Bonifacio Drive,
☎ 033/75 411 FAX 335 0245.
✈ 7 km außerhalb. Mehrmals täglich nach Cebu, Manila und Palawan.
⛴ Fährboote nach Guimaras vom Anleger beim alten Zollgebäude (Aduana).

Hotel del Rio, M. H. del Pilar St., ☎ 033/335 1171–76, FAX 70 736. Bestes Haus der Stadt in schöner Lage am Flußufer; mehrere Restaurants, beliebte Disko, Schwimmbad. $$

River Queen Hotel, Bonifacio Drive, ☎ 033/76 667, FAX 335 0176. Hotel und Restaurant am Fluß haben einen guten Ruf. $

Casa Plaza Pension, General Luna/Iznart Sts., ☎ 033/73 461, FAX 72 543. Gute Lage am zentralen Bonifacio Drive, nette, saubere Zimmer. $

Ocean City, Sen. Benigno S. Aquino Ave. Ausgezeichnete, preiswerte Küche mit Schwerpunkt Seafood. $

Tatoy's Manokan & Seafood, Villa Beach. Rustikales, sehr beliebtes Restaurant mit Gegrilltem aller Art (z. B. Geflügel, Fisch). Gegessen wird mit den Fingern. Liegt ca. 8 km außerhalb des Zentrums. $

* Guimaras

Mangels schöner Strände in direkter Stadtnähe hat die vorgelagerte Insel den Ruf eines Naherholungsziels ausbauen können. Doch nicht nur die Handvoll ansehnlicher Resorts, sondern auch nette Fischerdörfer in versteckten Buchten, Höhlen und Bootsfahrten zu malerischen Nebeninseln machen die Provinz Guimaras zu einem vielversprechenden Reiseziel. Kosten Sie die süßen Mangos der Insel, sie sind die besten im ganzen Land!

Nagarao Island Resort, im Südosten von Guimaras, ☎ (Iloilo-Buchungsbüro) 033/78 613, FAX 71 094. Üppig bewachsenes Eiland mit komfortablen Cottages. Pool, Restaurant. $$

Isla Naburot Resort, dicht vor der Südwestküste von Guimaras.
☎ (Buchung über Philippine Airlines Office) ☎ 033/75 925, 270 576.
Kleine Anlage mit schöner Bungalowarchitektur, ohne Strom, inkl. Vollpension. $$

Der Süden von Panay

Wo heute eine gut befestigte Straße von Iloilo City nach Westen führt, landeten bereits im 13. Jh. indonesische Seefahrer; der Ort *Oton* wurde 1566 von den Spaniern gegründet, die auch die drei Wachtürme am Strand von

Guimbal zum Schutz vor Piraten errichteten und der Nachwelt einige sehenswerte Kirchen hinterließen.

Seite 63

Die bekannteste ist die 1797 geweihte **** Miagao Church,** 40 km westlich von Iloilo City, die von der UNESCO zum Weltkulturerbe erklärt wurde und ganz eindeutig die Merkmale des „Erdbeben-Barocks" (s. S. 20) aufweist: Ein wuchtiges Mittelschiff mit massiven Stützmauern an den Seiten zwischen zwei stämmigen Türmen. Das Portalrelief zeigt Christophorus, der das Jesuskind durch eine tropische Pflanzenwelt trägt. Die nächste berühmte Kirche steht in *** San Joaquin.** Doch kein frommes Motiv ziert ihre Fassade aus Korallengestein, sondern die Darstellung der Schlacht von Tetuan 1859. Somit erinnert die zehn Jahre später erbaute Kirche an den Sieg der Spanier über die Mauren im fernen Marokko.

Ⓗ **Talisayan Beach Resort,** San Joaquin. Einfache Bambushütten am Strand. Meer und dunkler Sand sind sehr sauber. ($)
Ⓡ Im Beach Resort oder kleine Restaurants und Essensstände am Markt. ($)

Der Norden von Panay

Das jährliche * *Ati-Atihan-Festival* am dritten Wochenende im Januar (s. S._ Exkurs) verhilft **Kalibo,** der kleinen Hauptstadt der *Provinz Aklan,* zu internationalem Ruhm. Dann klettern die Preise um das Drei- bis Vierfache nach oben, wenn Bewohner wie Gäste drei Tage lang auf die Pauke hauen.

ⓘ **Kalibo Tourism Center,** Magsaysay Park, ☎ 036/4110, 662 3079.
Ⓗ **Hibiscus Garden Club,** Andagao (10 Tricycle-Minuten außerhalb von Kalibo). Schöne Anlage mit Pool, Gartenrestaurant mit verlockenden einheimischen und internationalen Gerichten. ($$)
Garcia-Legaspi Mansion, 159 Roxas Ave., ☎ 036/8684 4249. Gute, ruhige Unterkunft. ($)
Ⓡ **Peking House,** Martyrs St. Gute chinesische Küche. ($)

Die kleine Insel *** Boracay** vor der Nordwestspitze Panays ist schon lange kein Geheimtip mehr. Der 7 km lange Strand mit feinem Sandstrand auf der Westseite zieht jährlich Tausende von Touristen an und ziert die Katalogseiten vieler Reiseveranstalter. Rund 180 Strandresorts in allen Preisklassen werben um Urlauber. Das Angebot an Freizeitaktivitäten (Segeln, Tauchen, Wasserskooter, Golf, Reiten u. a.) wächst stetig. Doch in den letzten Jahren trübt – pünktlich zur Hauptsaison (Januar–April) – ein hartnäckiger Algenteppich am Strand die Badefreuden. Unter diesen Voraussetzungen werden die Touristiker den Plan, Boracay zum führenden Badeziel Südostasiens zu entwickeln, gründlich überdenken müssen.

Die Anreise ist recht einfach: Von Kalibo verkehren mehrmals täglich Busse und Jeepneys bis Catiklan (2 Std.), von dort tuckern Auslegerboote in ca. 20 Min. nach Boracay hinüber. Kleinere Flugzeuge von Aerolift, Pacific Airways und Star Asia Airways bringen fast täglich Gäste von Manila nach Catiklan. Fährschiffe von Manila legen in Dumagit/New Washington bei Kalibo an.

ⓘ **DOT,** im Oro Beach Resort, Mangayad, ☎ 02/892 0355, FAX 892 0357.
Ⓗ **Club Panoly Resort,** Punta Bunga. Luxusanlage im Norden der Insel mit eigenem Strand. Restaurant, Sportmöglichkeiten. ($$$)
Pearl of the Pacific, Angol (weiteres Haus in Balabag). Komfortables Resort mit Restaurant. ($$)
Merly's Place, Manoc-Manoc. 100 m abseits vom Strand, gemütliche Atmosphäre. Auf Wunsch Verpflegung. ($)
Ⓡ **Starfire,** Angol. Preiswerte Tagesgerichte der philippinischen Küche. ($)
The Hump Restaurant & Music Bar, Balabag. Gute internationale Gerichte. Für romantische Stunden unterm Sternenhimmel muß man einige Stufen zu dem Lokal am Hügel hinaufsteigen. ($)

Mindanao

Die große Südinsel

Vielseitig wie in kaum einem anderen Landesteil sind Landschaft und Kulturgruppen der zweitgrößten Insel des Archipels. Mehrere Gebirgsketten ziehen sich von Nord nach Süd, gekrönt vom Mt. Apo, dem höchsten Gipfel des Archipels. Mächtige Flüsse haben der Insel ihren Namen Maguindanao („Überflutetes Land") gegeben. Über die Sulu-Inseln im Südwesten drang der Islam vor. Dort und am Lanao-See im Norden leben heute die meisten der philippinischen Muslime. Besucher können das in manchen Regionen politisch weiterhin unruhige Mindanao bislang nur von einigen Zentren aus kennenlernen. Doch schon auf einer etwa 10 Tage langen, kombinierten Flug- und Überlandreise spüren sie die tropisch-orientalische Atmosphäre vieler Orte. Die Erholung kommt nicht zu kurz: Auf Camiguin, bei Davao, Dipolog und Zamboanga warten wunderschöne Strände.

Im Süden von Panay

Die Kirche von Miagao

Auf Boracay

Seite 79

Die von der Natur gesegnete Insel, mit Bodenschätzen verwöhnt, von fischreichen Gewässern umgeben und größtenteils von Taifunen verschont, ist für die Menschen aus übervölkerten Provinzen das „Land der Verheißung". Aber noch ist das 95 587 km² große Mindanao mit rund 14 Millionen Einwohnern relativ dünn besiedelt. Rund 70 % sind Christen, ein Viertel Muslime, der Rest setzt sich aus Angehörigen anderer Religionen und Animisten zusammen.

Über *Surigao*, die Hauptstadt der Provinz *Surigao del Norte*, und am malerischen Lake Mainit vorbei erreichen Sie nach 120 km Busfahrt Richtung Süden * **Butuan,** eine schon seit Jahrhunderten wichtige Hafenstadt in der Provinz

Seite 79

Agusan del Norte. Berühmt wurde der Ort an der Mündung des *Agusan,* Mindanaos zweitlängstem Fluß, durch die 1976/77 gefundenen Boote und Grabstätten aus vorspanischer Zeit. Ein restauriertes Boot ist im * *Balanghai Shrine* am Fundort, etwa 5 km außerhalb (zwischen Airport und Zentrum) zu besichtigen; einige Grabfunde bewahrt das * *Regional Museum* beim Rathaus von Butuan auf, kostbare Stücke können Sie auch im * *Xavier University Folk Museum* von *Cagayan de Oro,* 182 km westlich von Butuan, besichtigen (auch Museo de Oro genannt, ⌚ Mo–Fr 8–12, 14–18 Uhr, Sa 9 bis 12 Uhr).

Ⓗ **Almont Hotel,** San Jose St., ☎ 08521/3332. Akzeptable Zimmer, Restaurant mit internationaler Küche. $$
Ⓡ **Golden Dragon Restaurant,** Concepcion St. Gute Auswahl an chinesischen Gerichten. $

*Camiguin

Von *Balingoan,* einem kleinen Fischerort in der westlich gelegenen Provinz *Misamis Oriental,* verkehren mehrmals täglich (ca. 1,5 Std. Fahrtzeit) Fährboote bis Benoni, dem Hafen des kleinen Juwels in der Mindanao-See. Die 300 km² kleine Insel kann mit drei aktiven und vier erloschenen Vulkanen aufwarten, mit zahlreichen Wasserfällen, heißen und kalten Quellen, verwitterten Kirchenruinen, einem versunkenen Friedhof bei *Bonbon* und einem 300 Jahre alten spanischen Wachturm in *Guinsiliban.* Und natürlich mit Stränden, sauber und meist mit dunklem Lavasand bedeckt.

Sprichwörtlich ist die Freundlichkeit der Menschen auf Camiguin, wo Sie der gemächliche Rhythmus des Alltags garantiert anstecken wird.

ℹ **Tourist Office,** Provincial Capitol, Mambajao.
Ⓗ **JM Paras Beach Resort,** Yumbing (im Südosten). Eine neue Strandanlage mit Pool und Restaurant. $$
Ⓗ **Jasmin by the Sea,** Bug-ong (im Norden), ☎ 088/87 9015. Einfache, gepflegte Cottages am Strand, gute europäische Gerichte im Restaurant. $
Ⓗ **Caves Resort,** Agoho (an der Nordspitze), ☎ 088/87 9040. Nette Anlage mit Restaurant, Tennisplatz, Windsurfen und Tauchmöglichkeit, Fahrradverleih. $
Ⓡ **Paradiso Bar & Restaurant,** Agoho. Hier kocht ein Italiener Pasta und Pizza, außerdem Steaks und Fischspezialitäten. $

Marawi

Nur 30 km südöstlich der Industriestadt *Iligan* liegt die Hauptstadt der Muslimprovinz *Lanao del Sur,* am Nordufer des **Lake Lanao,** des mit 357 km² Oberfläche zweitgrößten Sees der Philippinen. Für mehr als eine halbe Million Menschen, davon allein 60 000 in Marawi, ist das Wasser des Sees lebenswichtig. Sein Hauptabfluß, der Agus River, speist das bedeutende Kraftwerk an den gewaltigen, 80 m hohen *Maria Cristina Falls* bei Iligan. Leider müssen Sie einen Besuch Marawis und der Umgebung von der Sicherheitslage abhängig machen. Hier schlägt das Herz der islamischen Kultur in den Südphilippinen. Der ***Public Market** (zwischen Quezon Avenue und Seeufer) mit seinem reichhaltigen Angebot an Messing- und Webwaren, importierten Stoffen aus Indonesien, Gewürzen und Früchten mutet orientalisch an. Sehenswert ist unbedingt das ***Agha Khan Museum** in der 1962 erbauten Mindanao State University (MSU), denn es widmet sich ausführlich dem muslimischen Bevölkerungsanteil, seiner Geschichte und Gegenwart (⌚ Mo–Do 9–11.30, 13.30 bis 17 Uhr, Fr 9–10.30, 13.30–17 Uhr, fei geschl.).

ℹ **Tourist Office,** im Ford Guest House No. 2 der MSU.
Ⓗ **Marawi Resort Hotel,** MSU-Campus. Das komfortable Haus liegt sehr schön auf einer Anhöhe mit Blick über den See. Restaurant und Swimmingpool. $

Davao

Juwel in der Mindanao-See: Camiguin

Die Hauptstadt der Provinz *Davao del Sur* zählt zu den flächenmäßig größten Städten der Welt (2440 km²) und ist mit fast 900 000 Einwohnern die zweitgrößte Stadt der Republik. Nach sehr unruhigen, gewalttätigen Zeiten in den 70er und 80er Jahren ist hier endlich Frieden eingekehrt. Ausländische Unternehmen lassen sich nieder, das Unterhaltungsangebot und die reizvolle Umgebung ziehen Besucher an, und seitdem wieder Flug- und Schiffsverbindungen nach Manado im nahen Indonesien bestehen, versteht sich Davao mit gutem Recht als südliches Tor der Philippinen.

Seite 79

Ein beliebter Zeitvertreib: das Mah-Jongg-Spiel

Eine Frucht des tropischen Südostasiens ist das Wahrzeichen der Stadt. Weil ihr Fleisch „höllisch stinkt, aber himmlisch schmeckt", außerdem als Aphrodisiakum geschätzt wird und auf jeden Fall sehr vitaminreich ist, gilt die kopfgroße, stachelige Durian als etwas ganz Besonderes. In Davao hat man ihr ein

Die Bootsfunde in Butuan

Als im Oktober 1976 Antiquitätenjäger auf der Suche nach chinesischem Porzellan im Ortsteil Libertad auf überraschend festes Holz im Erdreich stießen, ahnten sie nicht, daß diese Holzplanken den Schlüssel zur Geschichte ihrer Stadt Butuan darstellen würden. Archäologen des National Museum in Manila bestätigten bald, daß es sich bei den Funden um Teile jener *Balanghai*, großer hochseetüchtiger Boote handelte, die schon im 14. Jh. chinesische Seefahrer und 1521 Magellans Chronisten Antonio Pigafetta beeindruckt hatten. Die freudige Aufregung der Experten wuchs, als sie nach genauen Untersuchungen der mindestens 600 Jahre alten Bootsreste und ihres Fundortes sogar Hinweise auf die Umrisse einer vorkolonialen Hafenanlage erhielten. Die später an anderer Stelle freigelegten Skelette und Grabbeigaben wie Halsketten, Armreifen und wertvolles Porzellan stützten die Annahme, daß Butuan schon Jahrhunderte vor Ankunft der Europäer ein wichtiger Handelshafen Südostasiens gewesen sein muß und damit womöglich die älteste befestigte Stadtanlage der Philippinen darstellt. Überdies sind die Butuan-Boote eine Fundgrube für Seefahrtshistoriker, entsprechen sie doch mit ihrer seit über 2000 Jahren kaum veränderten Plankenkonstruktion den Schiffen der Austronesier, die außer Südostasien die pazifischen Inseln besiedelt haben und sogar bis Madagaskar vorgedrungen sind.

Denkmal vor der City Hall errichtet, auf den Fruchtmärkten der Stadt können Sie sie von November bis Februar und von Juni bis August probieren. Gegenüber des ***Durian Monument** auf der Plaza Rizal finden Sie auch das einzige sehenswerte Bauwerk im Stadtzentrum: Die ***St. Peter's Cathedral** vereint moderne Funktionalität mit islamischen Stilelementen.

Seite 79

Den ethnischen Gruppen Südostmindanaos widmet sich das ***Dabaw Museum** nahe dem Insular Hotel im nördlichen Vorort Lanang (🕓 Di–So 9 bis 17 Uhr). Hinter dem Hotel führen im **Mandaya Weaving Center** Mandaya-Frauen ihre Fertigkeit im Weben kostbarer Stoffe vor.

Den umfassenden Rundblick über Davao und die Bucht verspricht der etwa 6 km südlich des Zentrums, hoch über der Stadt gelegene **Shrine of the Holy Infant of Prague** im Vorort Matina. In zwei Kapellen werden die Nachbildungen der Jesusstatue von Prag und der Madonna von Fatima aufbewahrt.

ⓘ **DOT,** Magsaysay Park (neben Apo View Hotel), ☎ 082/221 6955, 221 0070.

Ⓗ **Insular Hotel Davao,** km 7 Lanang, ☎ 082/234 3050, FAX 62 959. Luxushaus am Wasser. Tennis, Swimmingpool, Tauch- und Golfsport, mehrere Restaurants. ($$$)
Apo View Hotel, J. Camus St., ☎ 082/221 6430, FAX 221 0748. Die beste Unterkunft im Stadtzentrum, mit Restaurant, Swimmingpool und Disko. ($$$)
Hotel Maguindanao, 86 Claro M. Recto Ave., ☎ 082/221 2894. Saubere Zimmer in zentraler Lage gegenüber der Kathedrale. ($$)
Das Department of Tourism bietet auch ein Homestay Program an. Wer bei Einheimischen wohnen möchte, wende sich an: Davao Homestay Association, Davao, ☎ 082/62 890, oder ans DOT.
Ⓡ **Down Under Steak House,** MacArthur Hwy., Matina, im Westen der Stadt am Davao River. Saftiges Fleisch aus Australien. ($$)
Celebes Restaurant, J. Camus St. Nach Meeresfrüchten und Krustentieren gibt es – je nach Jahreszeit – Durian, Rambutan oder Mangosteen zum Dessert. ($$)
Dragon Restaurant & Ihaw-Ihaw, A. Pichon St. Gute chinesische Küche und Leckereien vom Grill. ($)

Die einzigen schönen Strände in der Nähe von Davao haben die östlich bzw. südlich gelegenen Inseln Samal und

Talikud. Nach einer 20- bis 40minütigen Bootsfahrt ab Sta. Ana Pier und Insular Hotel erreichen Sie * **Samal.** Am * *Paradise Island Beach* im Nordwesten erfreuen sich Unterwassersportler an den Riffen ebenso wie vor dem exklusiven *Pearl Farm Beach Resort* an der Südostküste.

Talikud ist kaum erschlossen. Die weißen Strände bieten sich zum Baden und Schnor-

Friedlicher Riese: der Mount Apo

Seite 79

cheln an. Übernachten kann man notfalls beim Bürgermeister.

Pearl Farm Beach Resort, ☏ 082/234 0601, Fax 63 916. Komfortabel im Pfahlbautenstil, Tauchen ＄＄
Paradise Island Beach Park & Resort, ☏ 082/234 1229, 234 1724. Ansprechende Anlage mit preiswertem Restaurant am schönsten Strand der Insel, Tauchen. ＄＄

Seite 79

Ein nicht nur für Vogelkundler interessantes Ziel ist das * **Eagle Camp** bei *Malagos,* etwa 35 km nordwestlich von Davao, nahe der Ortschaft Calinan. Die Mitarbeiter des Philippine Eagle Conservation Fund, die die knapp drei Dutzend verbliebenen einheimischen Adler dieser extrem bedrohten Art schützen und zur Nachzucht anregen, freuen sich über Besucher. Gegen eine Spende lassen sie Sie auch übernachten. In diesem Fall sollten Sie die Tour mit Ausflügen in die erholsame Berglandschaft, z. B. des Mount Apo National Park, verbinden und entsprechende Ausrüstung (Schlafsachen, Proviant) mitbringen. Die Anreise erfolgt per Jeepney ab Bankerohan Market (Davao) nach Calinan, von dort mit dem Tricycle nach Malagos.

* **Mount Apo,** ein seit Jahrmillionen untätiger Vulkan, ragt 2956 m hoch über die Inselwelt. Wollen Sie ihn besteigen, müssen Sie vier Tage Zeit für Auf- und Abstieg durch dichten Regenwald, vorbei an Wildbächen und malerischen Wasserfällen, mitbringen. Gute Kondition, Bergstiefel, warme Kleidung und Führer sind unerläßlich. (ℹ DOT in Davao, oder *Mt. Apo Climbers Association of Davao City,* c/o The House of Lord, Anthony San Pedro St., Davao City, ☏ 082/62 062, 78 247.)

General Santos, die südlichste Großstadt der Philippinen, liegt an der geschützten Sarangani-Bucht. Die Nähe zur indonesischen Insel Sulawesi erleichterte schon vor rund 5500 Jahren die Einwanderung protomalaiischer Seefahrer, und mit arabischen Siedlern konnte sich über dieses Einfallstor im 15. Jh. die islamische Lehre im Süden Mindanaos schnell ausbreiten. Die ansässigen Völker der *B'laan, T'boli* und *Tagabili* zogen sich im Lauf der Zeit ins Hinterland zurück.

Die Stadt ist für unternehmungslustige Reisende die Ausgangsbasis zu einer Tour zum * **Lake Sebu,** einem malerisch gelegenen See in fruchtbarer Berglandschaft. Per Bus geht es zunächst bis *Koronadal* oder Marbel, wie die B'laan die Provinzhauptstadt von *South Cotabato* nennen. Von hier fahren Busse und Jeepneys bis *Surallah,* von wo es hinauf in die etwa 300 m hoch gelegenen Tiruray-Berge geht, ins Land der T'boli (Tiboli gesprochen). Mit der gebotenen Zurückhaltung können Sie von Lake Sebu aus zu den verstreuten, abgeschiedenen Siedlungen der T'boli wandern. Rund um das fischreiche Seengebiet bauen sie zwischen bewaldeten Bergen Reis, Mais und Zuckerrohr an. Wie fast alle kulturellen Minderheiten sehen die rund 150 000 Angehörigen dieser sehr traditionsbewußten Bevölkerungsgruppe ihr Land von Bergbau, Plantagenfirmen und nachrückenden Tieflandbewohnern bedroht. Wenn Sie Gelegenheit haben, den Samstagsmarkt etwas außerhalb des Ortes Lake Sebu zu besuchen, werden Sie die farbenprächtige Kleidung und der Messingschmuck der Frauen beeindrucken. Ihre traditionelle Webtechnik der dekorativen T'nalak-Stoffe aus Naturfasern hat inzwischen auch der internationale Souvenirmarkt entdeckt. Die Unterkünfte in Lake Sebu sind einfach, doch wem es mehr auf Naturerlebnis in herrlich kühler, sauberer Luft und einfühlsame Begegnungen mit den Menschen ankommt, der wird sich hier sehr wohlfühlen.

Ba-ay Village Inn. Einfache Zimmer. Sehr hilfsbereite Besitzer, die auch für die Gäste kochen. Direkt am See gelegen. ＄
Hillside View Park & Lodge. Rustikales Guesthouse am See. Ohne Verpflegung. ＄

🅁 Kleine Eßlokale gibt es entlang der Hauptstraße und am Markt. ($)

Eine touristische Enklave Mindanaos ist die Gegend um **Dipolog** im Nordwesten, Hauptstadt der Provinz *Zamboanga del Norte*, per Schiff oder Flugzeug von Manila, Cebu und den größeren Orten Mindanaos direkt erreichbar. Nordwestlich vorgelagert, lockt die kleine Insel **Aliguay** mit schönen Stränden und Korallenriffen.

Dakak Beach

Seite 79

Wer es sich leisten kann, sollte ein paar Tage im nahen * **Dakak Beach Resort** verbringen. Herrlich an einer von Felsbergen eingerahmten Bucht bei Dapitan gelegen, läßt die Luxusanlage keine Wünsche offen. Baden, Ausflüge zum Tauchen und zu Goldwäschern im Hinterland halten die Gäste bei Laune. (☎ 06541/3147, FAX 722 2463; ($$)).

Eine T'boli

* Zamboanga

Wer sich auf dem Markt, in der Innenstadt und im Hafen der lebhaften Metropole im Südwesten Mindanaos umschaut, erlebt das bunte Gemisch aus Orient und Okzident in Gesichtern, Kleidung und dem *Chabacano*, dem

Zwietracht im „Land der Verheißung"

Ganz Mindanao pauschal als unsicher zu bezeichnen, ist übertrieben. Unzutreffend ist auch die seit der spanischen Kolonialisierung weitverbreitete Ansicht, daß die Muslime die hauptverantwortlichen Unruhestifter seien. Tatsächlich werden die seit Jahrzehnten andauernden Unruhen genährt von dem Streben der Muslime nach weitgehender politischer, kultureller und wirtschaftlicher Selbstbestimmung in den Regionen, die sie schon lange vor Ankunft der katholischen Spanier besiedelt hatten. Entsprechend hartnäckig ist der Widerstand christlicher Siedler und Großgrundbesitzer. Unter dem Deckmantel der Missionierung spielt die Kontrolle über Bodenschätze und landwirtschaftlich lukrative Gebiete dabei ebenso eine Rolle wie die Suche nach neuen Wohngebieten für die wachsende Bevölkerung des philippinischen Archipels. Zwar scheint die Regierung in Manila die bereits einigen Provinzen gewährte Teilautonomie auf insgesamt 13 der 22 Mindanao-Provinzen (einschließlich Sulu und Tawi-Tawi) ausdehnen zu wollen, doch wird bis heute fast jeder Ansatz zur Versöhnung von militanten Gruppen beider Seiten sabotiert. Hoffnung weckt nun das Friedensabkommen zwischen Präsident Ramos und Rebellenführer Misuari vom 2. September 1996. Reisenden wird jedoch weiterhin empfohlen, sich über mögliche Krisengebiete bei den DOT-Büros auf Mindanao und in Manila zu erkundigen.

Seite 79

lokalen, sehr spanisch klingenden Dialekt. Die Lage an der Schnittstelle zwischen Islam und Christentum führte v. a. in den 70er und 80er Jahren zu gewaltsamen Auseinandersetzungen zwischen den Anhängern der beiden Religionen. Auch heute noch gibt es unruhige Phasen. Doch die 450 000 Menschen – rund zwei Drittel Christen – geben die Hoffnung auf dauerhaften Frieden nicht auf. Seit Jahrhunderten ist die „Stadt der Blumen", wie schon die ersten Einwanderer aus Indonesien den Ort getauft haben sollen, Schmelztiegel und Handelsdrehscheibe – Schmuggel inbegriffen.

Das ***Fort Pilar,** geschichtliches Zentrum der Stadt am Ende der Valderosa Street, erbauten die Spanier 1635. Die Figur der Señora del Pilar de Zaragoza an seiner Ostmauer ist seit 1734 Pilgerstätte, soll sie doch wundertätig wirken. Im Fort informiert das ***National Museum** über regionale Meereskunde, Archäologie, Anthropologie und Botanik (🕓 So–Fr 9–12, 14–17 Uhr).

Etwas östlich der Festung glänzt die Kuppel einer Moschee, Mittelpunkt des **Campo Muslim.** Hier, im islamischen Stadtteil, sollten Sie sich möglichst einem einheimischen Führer (Auskünfte in Ihrem Hotel und im Tourist Office) anvertrauen. Das gilt auch für das Nachbarviertel **Rio Hondo,** ein Pfahlbautendorf am Ufer. Die vom Sulu-Archipel stammenden *Samal, Tausug* und *Badjao* („See-Nomaden") wohnen zu Tausenden in diesem Gewirr aus schwankenden Stelzenhütten. Zeigen Sie Zurückhaltung beim Fotografieren: Das beengte, einfache Leben, das auf uns so exotisch wirkt, ist für die Leute von Rio Hondo harte Realität.

Zurück auf der Valderosa Street, landen Sie auf dem Weg in die Innenstadt bei der 1905 erbauten **City Hall,** einem hübschen Kolonialgebäude an der **Plaza Pershing.** Lärm, Gedränge und Gerüche aller Art umgeben Sie auf dem **Public Market** mit seinem großen Angebot an Lebensmitteln, Obst, Messingwaren und den farbigen Matten, die die Samal-Frauen aus Palmfasern weben. In Richtung Pier schließt sich der **Fischmarkt** an. Romantisch wird es bei Sonnenuntergang am **Justice R. T. Lim Boulevard,** wo meist eine frische Brise weht: Über vergoldete Wellen gleiten die zierlichen Vintas, die Segelboote der Fischer, aufs Meer hinaus.

Etwa 7 km nördlich erstreckt sich der **Pasonanca Park.** Dieser 58 ha große Freizeitpark ist das bekannteste Naherholungsgebiet für die Städter. Vorzugsweise jungvermählte Paare finden hier ein einmaliges Angebot: Im **Tree House** (Baumhaus), das der legendäre Bürgermeister Cesar Cortes Climaco in den 70er Jahren erbauen ließ, können sie kostenlos – wer nicht „flittert", zahlt eine kleine Gebühr – nach Anmeldung im Rathaus eine Nacht verbringen.

Etwa 8 km westlich der Stadt weben im **Yakan Weaving Village** (Ortsteil Calarian) Frauen und Mädchen der auf der Insel Basilan heimischen *Yakan* nach alter Tradition bunte, geometrisch gemusterte Stoffe, die Sie als Decken oder Taschen auch gleich kaufen können.

In der Nähe (Upper Calarian) finden Sie am hügeligen Ufer den **Zamboanga Golf Course & Beach Park** (☎ und FAX 062/991 1796). Die schöne, schattige Anlage, wo auch Gäste die 18 Löcher bespielen können, ist ein beliebtes Wochenendziel mit Eßständen und Picknickplätzen am Strand.

ℹ **DOT,** Valderosa St., neben Lantaka-Hotel, ☎ 062/991 0218, FAX 991 2033.
Ⓗ **Lantaka by the Sea,** Valderosa St., ☎ 062/991 2033–36, FAX 991 1626. Wenn auch schon recht betagt, strahlt das Haus mit exzellentem Restaurant direkt am Wasser eine gepflegte, gemütliche Atmosphäre aus. $$
Hotel Preciosa, Mayor Climaco Ave., ☎ 062/2910, FAX 6226. Komfortable Unterkunft etwas außerhalb des Zentrums. Gutes Restaurant. $$
Platinum 21 Pension House, Barcelona St., ☎ 062/991 2514, FAX 991 2709. Saubere Zimmer, Restaurant. $

Seite 79

Ⓡ **Alavar's House of Seafood,** Justice R. T. Lim Blvd./A. Alvarez St. In der nett eingerichteten alten Villa serviert man Fisch und Meeresfrüchte vom Feinsten. $$

Aldea Pasonanca Restaurant, am Pasonanca Park. Originelles Lokal in Eisenbahnwaggons, das mit philippinischen Delikatessen aufwartet. $

Mit dem weithin sichtbaren weißen Sandstrand lockt die flache, etwa 240 ha großen Koralleninsel ***Great Santa Cruz** im Süden von Zamboanga. Knapp 20 Minuten brauchen die Mietboote, die an der Wasserseite des Lantaka-Hotels an- und ablegen. Auf der Insel können Sie baden, schnorcheln und sich an einem kleinen Verkaufsstand mit Getränken erfrischen. Interessant ist der kleine Friedhof der Badjao, unweit des Hauptstrandes in Buschwerk versteckt.

Das berühmte Baumhaus in Zamboanga

Der Held von Zamboanga

Mit schulterlangem, schlohweißem Haar, legerer Kleidung, stets ohne Leibwächter und Waffe, als einen der ihren – so kannten und liebten die Einwohner von Zamboanga ihren Bürgermeister: Cesar Cortes Climaco oder kurz CCC wurde schon zu Lebzeiten (1916–1984) zur Legende. Seit er 1970 zum Bürgermeister von Zamboanga gewählt wurde, ist sein Name untrennbar mit der Stadt verbunden. Auf seine Art exzentrisch, aber ausgesprochen mutig setzte er sich für sie und die vom Bürgerkrieg gebeutelte Heimat ein. Er ließ Straßen, Erholungsparks und Wohnhäuser für die Armen bauen. Die touristische Zugkraft der Stadt sah er nicht nur in Golfplätzen, Kasino und Luxushotels, sondern in der menschlichen Begegnung verschiedener Welten. Und so waren ihm Rucksackreisende – das Baumhaus (s. S. 82) als Beispiel – ebenso willkommen wie Geschäftsleute. Das harmonische Zusammenleben von Christen und Muslimen war für ihn keine Utopie, sondern ein mit friedlichen Mitteln erreichbares Ziel seiner politischen Tätigkeit. Als Marcos 1972 das Kriegsrecht über das Land verhängte, schwor CCC, sich bis zum Ende der Diktatur die Haare nicht zu schneiden. Daß er auch nach Aufhebung des Ausnahmezustandes 1981 seine wallende Haarpracht nur wenig kürzer trug, betonte seine mißtrauische Haltung dem Regime gegenüber. Noch mehr Aufsehen erregte Climaco, als er am Rathaus eine große Tafel anbrachte, auf der in blutroter Schrift die stetig anwachsende Zahl der Opfer von Polizei- und Militärterror angeschrieben stand. Als Climaco am 14. November 1984 einem Mordanschlag zum Opfer fiel, war Zamboanga wie gelähmt vor Entsetzen. Die Hintergründe wurden nie aufgeklärt. Einiges spricht für eine Aktion der Militärs, deren dunklen Machenschaften, darunter auch Drogenhandel, Climaco auf der Spur war. Aber auch der Verdacht, daß der Mordbefehl im Präsidentenpalast in Manila gegeben wurde, ist bis heute nicht ausgeräumt.

Palawan

Seite 85

Urwald, einsame Inseln, Abenteuer

Palawan ist ein Eldorado für Naturfreunde. Noch sind weite Teile mit Regenwald bedeckt, Heimat seltener Pflanzen und Tiere. Küsten und vorgelagerte Inseln säumen weiße Strände, über märchenhaften Korallengärten ragen schroffe Felsen empor. In Fischerdörfern findet man unverfälschte Gastfreundschaft. Idyllisch gelegene Resorts wie bei El Nido und auf den Calamian-Inseln verwöhnen ihre Gäste. Für Palawan sollten Sie sich mindestens eineinhalb Wochen Zeit nehmen. Wer die Hauptinsel per Jeepney auf staubiger Piste und entlang der Küsten im Auslegerboot kennenlernen will, sollte ein paar Reservetage einplanen.

425 km lang und maximal 40 km breit erstreckt sich die Hauptinsel von Palawan zwischen Südchinesischem Meer und Sulu-See. Als Verwaltungsgebiet, das die 11 700 km^2 große Hauptinsel und über 1770 Nebeninseln umfaßt, bildet Palawan die größte Provinz des Landes. Über eine bis zur letzten Eiszeit bestehende Landbrücke mit Borneo konnten Tiere, Pflanzen und schließlich Menschen nach Palawan einwandern. Etliche philippinische Baumarten, Orchideen und Farne finden sich nur hier im dichten Regenwald der bis zu 2000 m hohen Berge. Von den über 1000 Tierarten des Landes kommen allein 232 Spezies ausschließlich hier vor, darunter das ameisenfressende Schuppentier, die Palawan-Bärenkatze (eine Marderart), der „Maushirsch" Pilanduk, die kleinste Rotwildart der Welt, Nashornvögel, Warane, Königskobra und handgroße Schmetterlinge. Einzigartig ist auch das Leben unter Wasser in den noch relativ intakten Korallenriffen. Seit den Funden in den Tabon Caves (s. S. 86) gilt Palawan als Wiege der philippinischen Zivilisation. Bereits im 9. Jh. besuchten chinesische Seefahrer regelmäßig die Insel, die sie Pa-Lao-Yu („Land mit schönem, sicherem Hafen") nannten. Noch ist die abgelegene Region mit einer Bevölkerung von rund 500 000 Menschen eher dünn besiedelt. Zehn Ethnien, darunter Nachkommen der altmalaiischen Ureinwohner und jungmalaiische sowie muslimische Einwanderer, bilden die kulturellen Minderheiten Palawans.

* Puerto Princesa

Die erst 1872 gegründete Stadt mit ihren 75 000 Einwohnern liegt in Palawans Mitte an einer geschützten Bucht. Im Hafen landen die Boote der Händler und Fischer, Passagierschiffe bringen neue Siedler. Auf dem 3 km entfernten Flughafen landen täglich Flugzeuge aus Manila und Iloilo City (Panay). 1994 wurde Puerto Princesa der Titel „Cleanest and Greenest City of the Philippines" verliehen; also Vorsicht beim Wegwerfen einer Zigarette, das kostet 200P Strafe! Puerto, so der Kurzname der Provinzmetropole, dient Touristen vorrangig als Ausgangsbasis für Überlandfahrten und Tagesausflüge. Sehenswert ist der **Public Market** Ecke Malvar/Burgos Streets. Das einzige herausragende Bauwerk der Stadt ist die **Kathedrale** am Rizal Park. Höchst lehrreich informiert das * **Palawan & Puerto Princesa Museum** am Mendoza Park, Rizal Avenue, über die naturkundlichen und kulturellen Besonderheiten der Provinz (Mo–Fr 8.30–12, 13–17 Uhr).

Provincial Tourism Office, Capitol Bldg., Rizal Ave./Roxas St., ☎ 04821/433 2968.

City Tourism Office, Airport Compound, Rizal Ave., ☎ 04821/332 983.

Asiaworld Resort, National Rd., ☎ 04821/433 2212, Fax 433 2111. Renommiertes Mittelklassehotel, mehrere Restaurants, Pool und Disko. $$

Badjao Inn, 350 Rizal Ave., ☎ 04821/433 2761, 📠 433 2180. Ordentliche Zimmer um einen schönen Garten herum, Restaurant. $$
Duchess Pension House, Valencia St., ☎ 04821/433 2873. Gut geführtes Haus mit Restaurant für kleinere Mahlzeiten und guten Infos. $
Café Puerto, Rizal Ave. Ganz „exotisch“: französische Küche im stilvollen Restaurant eines Engländers. $$
Kamayan Folkhouse & Restaurant, Rizal Ave. Ausgezeichnete philippinische Gerichte, die mit den Fingern gegessen werden. Luftiges Terrassenlokal mit allabendlicher Live-Musik. $

Rund um Puerto Princesa

Das Ausflugsangebot in die nähere Umgebung kann sich sehen lassen: Da laden die vielen Inseln und Sandbänke in der sich nördlich ausbreitenden * **Honda Bay** zum Baden, Schnorcheln und Tauchen ein. Strandidylle finden Sie auch am * **Nagtabon Beach** in einer traumhaften Bucht an der Westküste gegenüber der Honda Bay, etwa 1–2 Stunden Jeepneyfahrt ab Puerto.

In *Iwaran,* einem Dorf 12 km südlich, werden im **Crocodile Farming Institute** die Palawan-Krokodile offiziell vor dem Aussterben bewahrt, doch leider geht es wohl auch um den Handel mit ihrer Haut. Neben den Echsen können Sie andere einheimische Tiere (Bärenkatzen, Affen, Vögel) in Käfigen sehen.

Auch ein Gefängnis für Menschen ist eine Attraktion: die **Iwahig Prison & Penal Farm,** 23 km südlich von Puerto. Hier wird offener Strafvollzug demonstriert. Die rund 1700 Sträflinge leben ganz ohne Gitter von Reisanbau, Viehzucht und Souvenirverkauf.

San Rafael und * Port Barton

San Rafael, 65 km nördlich, bietet sich für ein paar geruhsame Strandtage an. Sportliche Naturen können von hier aus eine Dschungelwanderung mit zahlreichen Flußdurchquerungen unternehmen. Ein recht weiter Treck zu

Seite 85

dem in den Bergen lebenden Stamm der Batak sollte überlegt sein, denn er dient nicht unbedingt dem Wohl der scheuen, kleinwüchsigen Halbnomaden. Vor der Küste liegen einige flache Inseln mit schönen Schnorchelplätzen.

Seite 85

Ⓗ **Duchess Beachside Cottages.** Saubere, weitläufige Anlage am Strand mit einfachen Häuschen und Restaurant. $

Dem nächsten größeren Ort, **Roxas,** sind einige verlockende Inseln (Ⓗ *Coco Loco Island Resort,* komfortable Cottages an sehr schönem, weißem Strand, Restaurant, Tauchen, Segeln; $) vorgelagert. Kurz vor Roxas zweigt eine Straße zur Westküste ab und bringt Sie nach ***Port Barton.** Der hübsche Fischerort liegt hinter einem Rest üppigen Urwalds an der Pagdanan Bay, in der Inseln zu Bade- und Schnorchelausflügen einladen.

Ⓗ **Manta Ray Island Resort,** Capsalay Island, ☎ 04821/433 2609, FAX 02/98 0931. Drei komfortable Cottages auf einer der Inseln vor Port Barton. $

Shangri-La of Scandinavia, Port Barton. Ruhige Lage am östlichen Ende des Ortes. Restaurant. $

Swissipini Cottages, Port Barton. Eine der älteren Unterkünfte mit beliebtem Restaurant, das u. a. Schweizer Gerichte serviert. Tauchausflüge (Ausrüstung kann geliehen werden). $

**Underground River

Im *St. Paul Subterranean National Park* liegt die landschaftliche Sensation Palawans. Im Fischerdorf **Sabang** müssen sich Besucher in der Ranger Station im Ort anmelden (Eintrittsgebühr 150 P). Dann geht es in ca. 20 Minuten per Mietboot (300 P) zur Mündung des Unterirdischen Flusses. Ein etwa zweistündiger Fußmarsch durch dichten Urwald zum Höhleneingang ist die sportlichere Alternative. Bootsleute in Paddelbooten bringen die Besucher dann in das faszinierende Reich der Fledermäuse und Schwalben, die zwischen spektakulären Tropfsteinformationen schwirren. Sie gleiten auf einer Länge von etwa 4 km über unheimlich gluckerndes Wasser, oft haarscharf an den glänzenden Felswänden vorbei.

Mehrere einfache Unterkünfte mit Restaurants in und um Sabang stehen zur Auswahl, wenn Sie sich an der einzigartigen Urwaldlandschaft des Nationalparks etwas länger erfreuen wollen. Wenn Sie den Ausflug an einem Tag von Puerto aus machen wollen (mindestens 5 Std. Fahrt hin und zurück), sollten Sie früh am Morgen aufbrechen und am besten einen Jeepney mieten (z. B. bei Eidref Travel Services, 400 Rizal Ave., ☎ 04821/433 2237).

Südpalawan

Dem rund 150 km südwestlich von Puerto gelegenen Fischerort **Quezon** haben die ***Tabon Caves** auf die touristische Landkarte verholfen. Eine dreiviertelstündige Bootsfahrt bringt Sie zu den berühmten Höhlen am Lipuun Point – nach Ihrer Anmeldung im *Tabon Museum* in Quezon. Dort erhalten Sie neben detaillierten Informationen auf Wunsch auch einen kompetenten Führer. Einige Ausgrabungsstücke sind im Museum zu sehen, das Gros des kulturgeschichtlichen Schatzes wird jedoch im National Museum von Manila aufbewahrt. (🕓 tgl. 8–17 Uhr.)

Mit Bootsausflügen zu vorgelagerten Inselchen und Fußmärschen zu Wasserfällen können Sie den Aufenthalt in Quezon vervollständigen.

Ⓗ **Tabon Village Resort,** 4 km nordöstlich von Quezon. Die Cottages liegen schön an einer Bucht; gutes Restaurant *Mutya ng Dayak.* Am schlammigen, felsigen Ufer kann man leider kaum baden. Angeboten wird ein lohnender Bootsausflug auf dem Urwaldfluß Tumarbon zum gleichnamigen Wasserfall. $

New Bayside Lodging House, nahe dem Pier in Quezon. Kleine, einfache Zimmer, hilfsbereite Besitzer, die auf Wunsch auch für die Gäste kochen. $

Nordpalawan

Fort von Taytay

Die Abgeschiedenheit veranlaßte die Spanier, ihren Mitte des 17. Jhs. gegründeten Stützpunkt **Taytay** nach 250 Jahren wieder aufzugeben. Im verschlafenen Städtchen erinnert das *Fort Puerto de Santa Isabel* und die 300 Jahre alte *Kirche* an die einstige europäische Bastion.

Seitdem Anfang 1996 ein Luxusresort auf der vorgelagerten **Insel Apulit** in Betrieb genommen wurde, und über den kleine Sandoval Airport Gäste aus Manila direkt einfliegen können, wird Taytay zweifellos bald aus dem Dornröschenschlaf erwachen (Ⓗ *Club Noah Isabelle*, ☎ 02/810 7291, FAX 818 2640. Große, sehr idyllische Anlage, mehrere Restaurants, Tauchen, Windsurfen. $))).

Die berühmteste Sehenswürdigkeit Palawans: der Underground River

50 km nordöstlich von Taytay (3 Std. Bootsfahrt) liegt *Flower Island* inmitten eines sehr schönen Schnorchelreviers

Das Neandertal der Philippinen

In dem bis heute nur zu einem Teil erforschten Komplex aus mehr als 200 Grotten und Nischen wurde 1962 ein ganz entscheidender Beweis für die Herkunft der ersten Filipinos entdeckt: primitive Steinklingen und Knochenteile, darunter das Fragment eines Menschenschädels. Unter der Leitung des Amerikaners Dr. Robert Fox konnten die gefundenen Spuren menschlicher Existenz auf etwa 30 500 v. Chr. datiert werden.

Was die Entdeckung des Tabonmenschen so wichtig macht, ist die Ähnlichkeit mit der Niah-Kultur von Sarawak auf Borneo, wo in den 50er Jahren etwa 40 000 Jahre alte Skelettreste ausgegraben wurden. Diese anthropologischen Parallelen und die geographische Nähe zu den Tabon-Höhlen bekräftigten mit Nachdruck die These von einer Einwanderungsroute über eine vormals bestehende Landbrücke zwischen Indonesien und den südwestlichen Philippinen. Palawan gehört nachweislich zum Sunda-Schelf, dem Kontinentalsockel, der vor Abschmelzen des letzten eiszeitlichen Gletschers an vielen Stellen weit über das Meer geragt haben muß. Als die Tabonmenschen, steinzeitliche Jäger und Sammler, die heute immerhin 30 m über dem Meeresspiegel gelegenen Höhlen aufsuchten, war die Küste 30 km entfernt.

Auch diese Tatsache spricht für die Wahrscheinlichkeit, daß die ersten Filipinos auf dem Landweg gekommen waren. Das Recht der Älteren nutzte ihnen allerdings nicht viel, als seefahrende Einwanderer landeten und sie nach und nach in die Bedeutungslosigkeit abdrängten.

(Ⓗ *Flowers Island Beach Resort,* kleine, geschmackvolle Anlage, Vollpension, Kontakt c/o Pem's Pension House in Taytay; $$).

Seite 85

Der Fischerort ***El Nido** („das Nest") liegt, von hohen Marmorfelsen eingerahmt, an einer malerischen Bucht fast am nördlichen Ende der Insel Palawan. Inzwischen können die Gäste der ab 1997 drei exklusiven Resorts mit kleinen Charterflugzeugen aus Manila und Puerto Princesa direkt in diesem Paradies aus rund 30 Inseln des ***Bacuit-Archipels** landen. Erlebnisreicher, aber nur in der Trockenzeit zwischen Februar und Mai zu empfehlen, ist die Bootsfahrt von *Embarcadero,* 6 km von Taytay entfernt, durch den fjordähnlichen *Malampaya Sound.* Auch auf der relativ neuen Verlängerung der Staubpiste von Puerto Princesa über Taytay nach El Nido (10 Std. ab Puerto und 3 Std. ab Taytay) kann die Reise bei starkem Regen ins Wasser fallen.

Der Reiz von El Nido, egal ob man im freundlichen Dorf oder etwas abgehoben in den Resortanlagen von ***Miniloc** oder ***Pangulasian Island** wohnt, ist die phantastische Kulisse aus steil aufragenden Felsinseln, weißleuchtenden Sandstreifen und bunt schillernden Korallenriffen. Manche der Unterwassergärten haben Dynamitfischer in der Vergangenheit ziemlich ramponiert. Doch nachdem nicht zuletzt der Tourismus auf der Suche nach möglichst intakter Natur das Umweltbewußtsein geschärft hat, sind auf Palawan Wälder und Gewässer besonders streng geschützt.

Ⓗ **Pangulasian Island Resort,** ☎ 02/894 5644, FAX 810 3620. Luxusanlage an herrlichem, weitem Strand. Tauchen (Kurse), Hobie Cats, Ausflüge, ausgezeichnetes Restaurant. $$

Miniloc Island Resort, ☎ 02/894 5644, FAX 810 3620. Pfahlbautenbungalows, relativ kleiner Strand. Großes Freizeitangebot (Tauchen, Tauchkurse, Ausflüge zur nahen Lagune und zu anderen Inseln), mehrere Restaurants. $$

Bayview Inn, El Nido. Einfaches Haus direkt im Ort, herrlicher Blick über die Bucht, Restaurant. $

Lally & Abet Beach Cottages, El Nido. Am westlichen Ende der Bucht etwas abseits vom Wasser gelegen. Geräumige Zimmer, gutes Restaurant. $

Bernard's & Memenie's Place, El Nido. Sehr ruhige, einfache Cottage-Unterkunft mit Restaurant, ca. 1 km westlich des Ortszentrums. $

Ⓡ **Countryside Restaurant** in Austria's Guest House, El Nido. Sehr gute internationale Gerichte und Seafood. $

Shipwreck, El Nido, schräg gegenüber Bayview Inn. Leckere Gerichte, dazu erfrischende Drinks und gute Musik. $

Die Tauchreviere der ***Calamian-Inseln** im Norden von Palawan locken von Jahr zu Jahr mehr Unterwassersportler an. Ab 1997 wird ein zweiter Flughafen auf *Busuanga,* der Hauptinsel, den täglich bzw. mehrmals wöchentlich aus Manila kommenden Flugzeugen zur Verfügung stehen. Wenn Sie von Puerto Princesa über El Nido oder Taytay anreisen, sind Sie allerdings derzeit noch auf eine zehnstündige Bootsfahrt – und die ist nur bei ruhiger See möglich – oder einen Charterflug angewiesen.

In *Coron Town,* dem gemächlichen Hauptort auf Busuanga, können Sie sich in Ruhe nach den Ausflugs- und Tauchmöglichkeiten erkundigen. Der deutsche Leiter von *Discovery Divers* (☎ 02/922 3233, FAX 9229 750) beispielsweise weiß auch bestens über die 14 Wracks Bescheid, die als Teil einer 1944 bei der südlich gelegenen Insel *Tangat* versenkten japanischen Flotte auf erfahrene Unterwassersportler wie ein Magnet wirkt. Auch wer nicht taucht, wird den Aufenthalt kaum bereuen. Schon ein Bootsausflug zur nahen *Insel Coron* mit ihren Süßwasserseen hinter abweisenden Kalksteinfelsen ist ein unvergeßliches Erlebnis.

Für eine gemütliche Kreuzfahrt durch die Calamian-Inseln empfiehlt sich der perfekt ausgerüstete Katamaran **Lagoon Explorer** („Discovery Cruises"), Buchung über ☎ 02/815 3008, 📠 819 0289. Komfortable Kabinen und modernste Navigationstechnik. Tauchmöglichkeit auf Anfrage, tgl. Stopps zum Baden, Schnorcheln und für Landausflüge. $$

Im Bacuit-Archipel

Seite 85

Luxuriös und dennoch zwanglos gibt man sich auf *Dimakya* nördlich von Busuanga, wo das Club Paradise Resort unbeschwerte Ferien verspricht.

Tiere, die zumindest in diesen Breiten exotisch anmuten, können Sie auf der *Insel Calauit* im Nordwesten (nahe Busuanga Island) in freier Wildbahn bestaunen: Ex-Präsident Marcos ließ hier einige Giraffen, Zebras und Gazellen aus Kenia ansiedeln, die sich inzwischen auf mehrere hundert Exemplare vermehrt haben.

Mangrovengebiet

(H) **Club Paradise,** Dimakya Island, ☎ 02/810 8451, 📠 818 2894. Eine wirklich paradiesische Lage, sehr angenehme Bungalows, exzellente Restaurantküche. Tauchen (kostenloser Schnupperertrip), Schnorcheln, Segeln, Windsurfen, Tennis, Swimmingpool. $$

Kokosnuss, Coron, neben dem Hospital (ca. 15 Min. Fußweg ab Zentrum), 📠 02/804 0331 und 922 9750. Bungalowanlage in hübschem Garten, gutes Restaurant. Der deutsche Besitzer hat viele Tips und veranstaltet selbst Ausflüge auf und um Busuanga. $

Sea Breeze Coron Lodging House, Coron Town (nahe Markt). Einfache, angenehme Unterkunft auf Pfählen über dem Wasser. Restaurant. Tauchen. $

Blick auf Coron Island

(R) **Discovery Divers,** Busuanga Island, Coron Town (außerhalb des Zentrums an der Straße zum Hospital). Ob mit Taucherlatein oder ohne – auf der luftigen Terrasse schmeckt es besonders gut. $

Praktische Hinweise von A–Z

Ärztliche Versorgung

Unter den Krankenhäusern der Städte haben im Unterschied zu den öffentlichen *(General Hospital)* die privaten (z. B. *Medical Center, Doctor's Hospital)* den besseren Ruf. Auf dem Land, wo ein deutlicher Ärztenotstand herrscht, sind neben oft mangelhaft ausgestatteten *Hospitals* einfache Erste-Hilfe-Stationen *(Aidpost)* die einzige Anlaufstelle im Ernstfall. Im allgemeinen sind Ärzte, Pflege- und medizinisch-technische Personal sehr gut ausgebildet. Besonders bei Tropenkrankheiten sind sie dank ihrer weit größeren Erfahrung europäischen Kollegen überlegen. Jede Behandlung muß bar bezahlt werden (s. Krankenversicherung, S. 92). Viele Medikamente erhalten Sie ohne Rezept in Apotheken *(Pharmacy, Drugstore, Botica)*, in ländlichen Gebieten auch in Gemischtwarenläden *(General Store)*.

Ausrüstung

In jeder philippinischen Stadt finden Sie Geschäfte mit einer großen Auswahl an Bekleidung. Konfektionssondergrößen (über XXL) und Schuhgrößen über 43 hinaus sind allerdings kaum erhältlich. Auf jeden Fall sollten Sie einpacken: Sonnenbrille, Sonnenschutzmittel mit hohem Lichtschutzfaktor, Kopfbedeckung, Regenschutz (kleiner Schirm, Regencape oder Windjacke, für Bergtouren in höheren Lagen auch einen leichten Pullover), festes, bequemes Schuhwerk (auch für leichtere Klettertouren geeignet; für schwierige Bergbesteigungen und Höhlenerkundung müssen Sie entsprechende Ausrüstung mitbringen), einen kleinen Rucksack für Tagesausflüge, Badesachen (auch Badeschuhe als Schutz vor Seeigeln und Korallen), Schnorchelmaske, Taschenlampe, Taschenmesser, Feldflasche (einwandfreies Trinkwasser in Plastikflaschen ist in allen größeren Orten erhältlich), Erste-Hilfe-Set und Micropur-Tabletten zur Desinfektion von Wasser aus Flüssen und Seen.

Devisenbestimmungen

Devisen können in beliebiger Höhe ein- und ausgeführt werden. Bargeld und Reiseschecks im Wert von mehr als 3000 US-$ müssen bei Einreise deklariert werden. Der ausgeführte Devisenbetrag darf den eingeführten nicht überschreiten. Die Einfuhr philippinischer Pesos ist auf 5000 P, die Ausfuhr auf 1000 P begrenzt.

Diplomatische Vertretungen

Philippinische Botschaften in Europa:
Argelanderstraße 1, D-53115 *Bonn*,
☏ 02 28/26 79 90, FAX 22 19 68.
Billrothstraße 2, A-1190 *Wien*,
☏ 02 22/36 85 51 90, FAX 3 18 71 38.
Hallwylstraße 34, CH-3005 *Bern*,
☏ 0 31/3 98 22 66, FAX 3 82 40 47.
Konsulate gibt es in Berlin, Hamburg, Düsseldorf, Frankfurt/M., München und Salzburg.

Europäische Botschaften in Manila:
Deutsche Botschaft, Solid Bank Bldg., 777 Paseo de Roxas, Makati,
☏ 02/892 4906–10, FAX 810 4703.
Österreichische Botschaft, Prince Bldg., 117 Rada St., Legazpi Village, Makati, ☏ 02/817 9191, FAX 813 4238.
Österreichisches Honorarkonsulat in Cebu City. (CRM Bldg., Escario/Molave Sts., ☏ 032/83 863, 310 605,
FAX 46 0631.)
Schweizer Botschaft, Solidbank Bldg., 777 Paseo de Roxas, Makati,
☏ 02/819 0202, FAX 815 0381.

Drogen

Die philippinischen Drogengesetze sind drastisch verschärft worden. Auf Besitz, Konsum von und Handel mit „prohibited drugs“ (Opium, Heroin, Kokain, Morphium, LSD, Marihuana, Haschisch) stehen mindestens 6–12 Jahre Gefängnis, im schlimmsten Fall droht die Todesstrafe! Nehmen Sie keine Pakete von Fremden für deren Freunde in Europa an! Es kommt auch häufig vor, daß Drogenkuriere ihre Ware ins Gepäck Unbeteiligter schmuggeln, also behalten Sie Ihre Sachen immer gut im Auge. Auch bei Inlandsreisen durchsuchen Militär und Drogenfahndung stichprobenartig das Gepäck.

Ein- und Ausreise

Bei Vorlage eines mindestens noch 6 Monate gültigen Reisepasses erhalten Deutsche, Österreicher und Schweizer bei Ankunft ein Touristenvisum für 21 Tage. Für einen längeren Aufenthalt müssen Sie zu Hause ein Visum beantragen; Verlängerungen sind beim *Immigration Office* in Manila, Cebu City und anderen Städten (z.B. Iloilo, Puerto Princesa, Angeles) möglich.

Elektrizität

Die Netzspannung beträgt 220V, manchmal auch zusätzlich 110V. Die Steckdosen entsprechen der US-Norm (zwei parallele Flachstifte). Sie benötigen also einen Adapter für mitgebrachte Geräte.

Feiertage

Gesetzliche Feiertage, an denen Behörden und Ämter geschlossen bleiben, sind:
Neujahr (1. 1.), Gründonnerstag und Karfreitag, Bataan Day (9. 4.), Labor Day (1. 5.), Independence Day (12. 6.), All Saints Day (1. 11.), Bonifacio Day (30. 11.), Weihnachten (25. 12.), Rizal Day (30. 12.).

Flughafengebühr und Flugrückbestätigung

Die Departure Tax bei Abflug ins Ausland beträgt derzeit 500 P. Bei Inlandflügen werden die Flughafengebühren (zwischen 6 und 10 P) in der Regel beim Ticketkauf auf den Philippinen berechnet – Ausnahme: Am Mactan Airport auf Cebu müssen Sie vor Abflug 15 P bezahlen. Alle Flüge, auch Inlandflüge, sollten spätestens 48, besser 72 Stunden vor Antritt der Reise rückbestätigt werden (auch telefonisch möglich). Es ist ratsam, sich den jeweiligen *reconfirmation code* oder *record locator* geben zu lassen.

Fotografieren

Im allgemeinen lassen sich die Filipinos sehr gern fotografieren. Fragen Sie aber besonders bei älteren Personen und bei Angehörigen der kulturellen Minderheiten vorher um Erlaubnis. Beschränkungen bestehen für militärische Anlagen, Moscheen, Tempel und in manchen Museen. Markenfilme erhalten Sie in allen größeren Städten. Achten Sie auf fachgerechte Aufbewahrung (kühle Lagerung).

Gesundheit und Impfungen

In den Städten ist das Leitungswasser einwandfrei, allerdings stark gechlort. Bei Touren außerhalb größerer Orte sollte man im Bedarfsfall das Wasser vor dem Trinken mindestens 15 Minuten abkochen oder mit Micropur-Tabletten desinfizieren. Verzichten Sie auf ungeschältes Obst und Gemüse, auch das Speiseeis aus den bunten Wägelchen der Straßenhändler ist wenig vertrauenerweckend. Unbedenklich ist dagegen der Verzehr von tiefgekühltem Fertigeis der Marke Magnolia.

Schon kleine Wunden sollten Sie sofort desinfizieren. Erkältungen sind auch in den Tropen nicht ungewöhnlich, oft verursacht der abrupte Wechsel zwischen klimatisierten Räumen und den hohen Außentemperaturen Halsschmerzen und Schnupfen.

Impfungen sind nicht vorgeschrieben, es sei denn, Sie reisen aus Infektionsgebieten ein. Überprüfen Sie aber Ihren Polio- und Tetanusimpfschutz und ziehen Sie eine Stärkung Ihrer Immunkräfte oder gar eine Impfung gegen Hepatitis A sowie Impfungen gegen Typhus und Cholera in Erwägung. Auf Palawan und in anderen Regenwaldgebieten des Archipels (Mindanao) besteht Malariagefahr; fragen Sie Ihren Arzt nach einer Prophylaxe. Die wichtigste Schutzmaßnahme vor Krankheiten, die durch Moskitos übertragen werden (z. B. Malaria, Denguefieber) ist aber das konsequente Schlafen unter einem Moskitonetz, das Auftragen von Insektenschutzmitteln und der Körperschutz am Abend durch lange Hosen, langärmelige Hemden und Socken. Nähere Informationen erteilen Tropeninstitute. Lassen Sie sich in jedem Fall rechtzeitig vor Reiseantritt von Ihrem Hausarzt oder besser einem Tropeninstitut beraten. AIDS ist wie in den meisten asiatischen Ländern auch auf den Philippinen auf dem Vormarsch!

Informationen

Das auch für Österreich und die Schweiz zuständige Fremdenverkehrsamt der Philippinen (Department of Tourism, DOT), Kaiserstraße 15, 60311 Frankfurt/M., ☏ 0 69/2 08 93–95, Fax 28 51 27, schickt Ihnen auf Anfrage Informationsmaterial zu Städten, Regionen und Spezialprogrammen zu.

Die Adressen regionaler Auskunftsbüros finden Sie im Reiseteil dieses Buches.

Kleidung

Leichte Baumwoll- oder Leinenkleidung ist in den meisten Landesteilen angebracht. In den Bergen von Nordluzon können Sie abends einen leichten Pullover gut gebrauchen. In allen Büros, Restaurants und öffentlichen Verkehrsmitteln werden Tourist(inn)en in Badelatschen, zu kurzen Shorts und mit (halb)nacktem Oberkörper ungern gesehen. Das gilt natürlich erst recht für den Besuch von Kirchen, Tempeln und Moscheen.

In allen Hotels, Pensionen und Resorts können Sie Ihre Kleidung waschen lassen.

Krankenversicherung

Die auf den Philippinen entstandenen Behandlungskosten werden von den gesetzlichen Kassen nicht erstattet. Ratsam ist deshalb der Abschluß einer Reisekrankenversicherung, die unbedingt einen medizinisch notwendigen Rücktransport abdecken sollte. Zur Erstattung brauchen Sie die Arztrechnung mit detaillierten Angaben zu Patient (Name, Adresse, Geburtsdatum), Diagnose, Medikamenten und Kosten.

Kriminalität

Leider berichten westliche Medien mit Vorliebe über die Philippinen in Zusammenhang mit Gewalt und Prostitution. Sicherlich konzentrieren sich diese Übel, wie überall auf der Welt der Welt, in Großstädten wie Manila und in den Provinzmetropolen. Auch Touristenzentren wie Baguio, Pagsanjan, Angeles oder Boracay ziehen Taschendiebe, Betrüger und Drogenhändler an. Manchmal versuchen auch Ausländer, auf kriminelle Art von der Unerfahrenheit ihrer Landsleute zu profitieren. Im allgemeinen können sich Touristen jedoch unter den durchweg freundlichen und hilfsbereiten Filipinos sicher fühlen; auf innenpolitische Krisengebiete wird im Text hingewiesen. Schließen Sie Ihre Reisedokumente und Wertsachen sicherheitshalber im Hotel- bzw. Zimmersafe ein. Wertvolle Uhren oder Schmuck lassen Sie am besten gleich zu Hause und zeigen Sie keine dicken Geldbündel herum. Lehnen Sie höflich, aber bestimmt Einladungen von Unbekannten ab, die meist mit der Masche „Wir haben uns doch (im Airport, Bus, Jeepney etc.) gesehen…“ Gastfreundschaft vortäuschen, aber Schlechtes im Schilde führen. Falls Sie wirklich einmal überfallen werden – bitte nicht den Helden spielen!

Touristennotrufzentrale und -polizei (24 Hour Tourist Assistance Hotline):

Manila ☏ 02/501 728, 501 660,
Cebu City (Task Force Turista)
☏ 032/254 1136.

Öffnungszeiten

Geschäfte, Einkaufszentren und sonstige Dienstleistungsbetriebe öffnen meist zwischen 8 und 9 Uhr und schließen um 19 Uhr, kleinere Läden schließen häufig erst gegen 22 Uhr. Auch sonntags haben viele Geschäfte geöffnet.

Banken, Büros und Behörden sind von Mo–Fr zwischen 9 und 15.30 Uhr (Banken) oder 17 Uhr (Behörden, Büros, manche sind auch Sa vormittags besetzt) geöffnet.

Post, Postgebühren

Die Öffnungszeiten der Postämter variieren, im allgemeinen sind ihre Schalter Mo–Fr 8–12 und 13–17 Uhr besetzt, Sa 8–12 Uhr. Ein Brief (8 P per 10 g) oder eine Postkarte (5 P) braucht per Luftpost 10–12 Tage nach Europa. Nur vereinzelt verkaufen Souvenirläden und Hotels Briefmarken.

Souvenirs

Das Angebot an handwerklichen Produkten ist groß. Ein Gang durch die Souvenirgeschäfte von Manila und anderen Touristenzentren vermittelt Ihnen einen Überblick über die Arbeiten aus den verschiedenen Regionen: Holzschnitzereien (sowohl echte als auch nur scheinbar antike Heiligenstatuen), Gemälde mit teilweise sehr schönen, kunstvollen Motiven, Webwaren, Schmuckarbeiten aus Perlmutt *(Capiz Shell)* und Silber, Stoffe aus Abaca- und Ananasfasern, Rattan- und Bambusmöbel, Zigarren und Rum. Die meist bessere Adresse für einen preisgünstigen Einkauf sind die Märkte in den jeweiligen Provinzstädten. Im Gegensatz zu den Großstadtgeschäften können Sie dort auf landesübliche Art handeln, d. h. freundlich den genannten Preis ablehnen und ein eigenes Angebot machen. So kommt man sich Schritt für Schritt entgegen, bis beide Parteien zufrieden sind. In zunehmendem Maß wird auch das Kunsthandwerk der kulturellen Minderheiten in Souvenirgeschäften angeboten: Messingschmuck und Bronzegeschirr der Maranao und Maguindanao (Moro Brass), Bastkörbe und Blasrohre mit schön geschnitzten Pfeilköchern aus Palawan, die in dezenten Farben gewebten T'nalak-Stoffe der T'boli. Selbst aus der Gegend um den unheilvollen Pinatubo-Vulkan gibt es Andenken: Aus festgepreßten Lavaschlammbrokken (lahar) schnitzen die Leute Figuren, Schalen, Briefbeschwerer und – sehr passend – Aschenbecher. Bei Souvenirs, die aus geschützten Tieren und Pflanzen hergestellt wurden, müssen Sie die Aus- bzw. Einfuhrbestimmungen beachten (s. Zollbestimmungen).

Telefon

Ins Ausland können Sie von fast jedem Hotel aus telefonieren, teils in Direktwahl, teils über Vermittlung *(Operator)* durch das Fernsprechamt PLDT (Philippine Long Distance Telephone Company). Die Mindestgesprächsdauer beträgt in der Regel 3 Minuten. Bei vermittelten Ferngesprächen – das gilt auch für Inlandstelefonate – wird unterschieden zwischen dem billigeren *station to station call* (ohne bestimmte Ansprechperson) und dem etwa 25 % teureren *person to person call* (hier wird eine bestimmte Person verlangt). Zur Zeit (1996) kosten 3 Minuten eines *station to station*-Gesprächs nach Europa von einem Mittelklassehotel aus etwa 300 P. Rufen Sie direkt von einem der PLDT-Büros an, fallen geringere Gebühren an. Nochmals ca. 25 % billiger wird es sonntags.

Während Auslandsgespräche meist nach kurzer Wartezeit zustandekommen, können Telefonate zwischen den Inseln recht langwierig sein.

Internationale Vorwahlen: Deutschland 00 49, Österreich 00 43, Schweiz 00 41; Philippinen 00 63.

Trinkgeld

In besseren Restaurants und allen Unterkünften wird außer der 10 %igen Mehrwertsteuer (Value Added Tax,

VAT) ein ebenso hohes Bedienungsgeld (Service Charge) erhoben. Dennoch erwarten Hotelpersonal, Kellner und Kellnerinnen ein Trinkgeld. In Restaurants sollten Sie also, wenn Sie mit dem Service zufrieden waren, bis zu 5 % des Rechnungsbetrages hinterlassen. Die Erwartungen der Hotelangestellten richten sich verständlicherweise nach dem Preisniveau der Unterkunft. So ernten Sie beispielsweise in einem Luxushotel für einen Tip von 20–25 P für den Gepäckträger oder Roomboy ein dankbares Lächeln. Taxifahrer „suchen" zuweilen erfolglos nach Wechselgeld, was einer Aufforderung zum Trinkgeldgeben gleichkommt. Auch hier ist bei korrekter Leistung ein ca. 5–10 %iger Zuschlag als Anerkennung angebracht.

Währung und Zahlungsmittel

Zahlungsmittel im Land ist der Philippinische Peso oder Piso (P). 1 P = 100 Centavos (c). Im Umlauf sind Münzen zu 2 und 1 P sowie zu 50, 25, 10, 5 und 1 c. Banknoten gibt es im Wert von 1000, 500, 100, 50, 20, 10 und 5 P.

Der derzeitige Wechselkurs (Stand Juni 1996): 1 DM = 16 P, 1ös = 2,3 P, 1sfr =20 P, 1US-$ = 26 P.

Am besten eignen sich US-$ in Reiseschecks und/oder Bargeld, DM und sfr werden ebenfalls problemlos von Banken, Wechselstuben und Hotels akzeptiert. Die lizensierten Wechselstuben (authorised money changer) in den Städten tauschen meist zu einem etwas besseren Kurs als die Banken, wobei Reiseschecks einen schlechteren Kurs erzielen als Bargeld. International bekannte Kreditkarten (MasterCard/Eurocard, Visa, American Express, Diners Club) werden von vielen Hotels, Restaurants und Geschäften akzeptiert.

Zeit

Der Zeitunterschied zwischen den Philippinen und Mitteleuropa beträgt MEZ plus 7 Stunden, während der europäischen Sommerzeit plus 6 Stunden.

Zeitungen

Neben zahlreichen Tagalog-Zeitungen und -Zeitschriften werden auf den Philippinen täglich eine Vielzahl von englischsprachigen Druckmedien publiziert. Die bekanntesten Tageszeitungen sind: *Daily Inquirer, Manila Bulletin, Philippine Star, Malaya, The Manila Chronicle,* die neben dem Schwerpunkt nationale Nachrichten auch das Auslandsgeschehen berücksichtigen. In Buchläden (z. B. National Bookstore) und Zeitschriftenauslagen besserer Hotels finden Sie außerdem internationale Zeitungen und Zeitschriften wie International Herald Tribune, Newsweek, Time, Asiaweek. Auch deutschsprachige Blätter (u. a. Stern, Spiegel) werden druckfrisch auf die Philippinen geflogen.

Zollbestimmungen

Erlaubt ist die Einfuhr von 2 l Alkohol und 400 Zigaretten. Eine umfangreiche Kamera- und Videoausrüstung muß bei der Einreise deklariert werden, manchmal wird ein Deposit verlangt, das bei der ordnungsgemäßen Ausfuhr der Geräte zurückgezahlt wird. Streng verboten sind Ein- und Ausfuhr von Drogen (s. S. 90), Waffen und pornographischem Presse- bzw. Videomaterial.

Untersagt ist die Ausfuhr – und ebenso streng unter Androhung von Beschlagnahme und hohen Strafen die Einfuhr in Europa! – geschützter Pflanzen (diverse Orchideen), Korallen, Muscheln und anderer unter das Washingtoner Artenschutzabkommen fallender Lebewesen; das schließt Souvenirs aus Tierteilen und toten Tieren in präpariertem Zustand (Krokodil-, Waran- und Pythonhaut, Elfenbein, Schildpatt, Schildkrötenpanzer, Nashornvogelkopf u. a.) ein.

Zollfreigrenzen bei der Wiedereinreise in Deutschland, Österreich und der Schweiz: 200 Zigaretten, 1 l hochprozentiger Alkohol oder 2 l Wein, Geschenke im Gesamtwert von maximal 350 DM, 2500 öS bzw. 200 sfr.

Register

Orts- und Sachregister

Personenregister

Bildnachweis

Alle Fotos Albrecht G. Schaefer außer Archiv für Kunst und Geschichte, Berlin: 17/1. Robert Brylla: 9/2, 19, 25/2, 27/1, 31/1, 49/2, 65/1. Roland Dusik: 21/1, 25/3, 43/2-3, 47/1, 57/1+3, 79. Susanne Fenske: 31/3, 67/1+3, 75/2. Volkmar Janicke: 7/1, 37/1, 39, 51/1, 55, 57/2, 59, 61/1+3, 71/1. Johann Jilka: 53/3. Gerold Jung: 11/1. Sabine v. Loeffelholz: 23/2, 43/1, 89/2. Ullstein Bilderdienst: 17/2-3. Wolfgang Schmidt/Das Fotoarchiv: Umschlag (Bild). Superbild/Bernd Ducke: Umschlag (Flagge).

Langenscheidt Mini-Dolmetscher

Allgemeines

Guten Morgen	Magandang umaga [magan**dang** u**mah**ga]
Guten Tag (allg.)	Magandang hapon [magan**dang** **ha**pon]
Guten Tag (nachmittags)	Magandang tanghali [magan**dang** tang·**hah**li]
Guten Abend	Magandang gabi [magan**dang** ga**bi**]
Hallo!	Helo! [he**lo**]
Wie geht es (Ihnen)?	Kumusta (po)? [ku**mus**tah (**poð**)]
Danke, gut.	Mabuti, salamat. [ma**bu**ti sa**lah**mat]
Ich heiße …	Ang pangalan ko ay … [ang pa**ngah**lan koð ai]
Auf Wiedersehen.	Paalam. [pa·**a**lam]
Morgen	umaga [u**mah**ga]
Nachmittag	hapon [**ha**poðn]
Abend / Nacht	gabi [ga**bi**]
morgen	bukas [**bu**kas]
heute	ngayon [nga**jon**]
gestern	kahapon [ka**ha**poðn]
Sprechen Sie Deutsch / Englisch?	Nagsasalita po kayo ng Aleman / ingles? [**nag**sasalit**a** poð ka**jo** nang ale**man** / ing**les**]
Wie bitte?	Ano po? [**a**no poð]
Ich verstehe nicht.	Hindi ko naiintindihan. [həin**di** koð na·i·in**tin**dihan]
Sagen Sie es bitte noch einmal.	Pakiulit lamang po ang sinabi. [pa**ki**·ulit **la**mang poð ang si**nah**bi]
…, bitte.	Paki, … . [pa**ki**]
danke	salamat [sa**lah**mat]
Keine Ursache.	Walang anuman. [ua**lang** a**nu**man]
was / wer / welcher	ano / sino / alin [**a**no / **si**no / a**lin**]
wo / wohin	saan / saan ang punta [sa·**an** / sa·**an** ang pun**ta**]
wie / wieviel	paano / magkano [pa·**ah**no / ma**kah**no]
wann / wie lange	kailan / gaano kahaba [kaj**lan** / ga·**ah**no ka**ha**ba]
Wie heißt das?	Ano po iyon? [**a**no poð **i**jon]
Wo ist …?	Saan ang …? [sa·**an** ang]
Können Sie mir helfen?	Maaari po ba ninyo akong tulungan? [ma·a·**ah**ri poð ba nin**jo** a**kong** tu**lun**gan]
ja	oo [oð·oð]
nein	hindi [həin**di**]
Entschuldigen Sie.	Pasensiya na po kayo. [pa**sens**·chja na poð ka**joð**] Iksyus. [iks**kjuhs**]
Das macht nichts.	Wala pong anuman. [ua**la** pong a**nu**man]

Sightseeing

Gibt es hier eine Touristeninformation?	Mayroon po ba ritong opisina para sa turista? [mairo·**on** poð ba ri**tong** opəi**si**na para sa tu**ris**ta]
Haben Sie einen Stadtplan / ein Hotelverzeichnis?	Mayroon po ba kayong mapa ng siyudad / listahan ng mga hotel? [mairo·**on** poð ba ka**jong** mapa nang sju**dad** / lista**han** nang ma**nga** hotel]
Wann ist … geöffnet?	Kailan po nagbubukas / nagsasara …? [kaj**lan** poð nag**bu**bukas]
das Museum	ang museo [ang mus**e**o]
die Kirche	ang simbahan [ang sim**ba**han]
der Tempel	ang templo [ang **tem**plo]
die Ausstellung	ang eksibit [ang **eg**sibit]

Shopping

Wo gibt es … zu kaufen?	Saan po nabibili …? [sa·**an** poð na**bi**bilih]
Wieviel kostet das?	Magkano ito? [ma**kah**no ito**ð**]
Das gefällt mir.	Nagustuhan ko ito. [na**gu**stuhan koð i**toð**]
Das gefällt mir nicht.	Hindi ko ito nagugustuhan. [həin**di** koð itoð nagu**gu**stuhan]
Gibt es das in einer anderen Farbe / Größe?	Mayroon po bang ibang kulay / sukat? [mairo·**on** poð bang i**bang** ku**lai** / ß**u**kat]
Ich nehme es.	Bibilhin ko. [bibil·**hin** koð]
Wo ist eine Bank?	Nasaan po ang bangko? [nasa·**an** poð ang **bang**·ko]
Geben sie mir einhalbes Kilo Reis / zwei Kilo Mango.	Bigyan mo po ako ng kalahating kilong bigas / dalawang kilong mangga. [big**jan** mo poð a**koð** nang kala**ha**ting **ki**long bi**gas** / dala·**uang** **ki**long mang·**ga**]
Haben Sie deutsche Zeitungen?	Mayroon po kayong diyaryong aleman? [mairo·**on** po ka**jong** dch**ja**riong ale**man**]
Wo kann ich telefonieren?	Saan po maaaring magtelepono? [sa·**an** poð ma·a·**ah**ring magte**le**pono]
Wo kann ich eine Telefonkarte kaufen?	Saan po makabibili ng kartang pangtelepono? [sa·**an** poð maka**bi**bilih nang **kar**tang pang te**le**pono]

Notfälle

Ich brauche einen Arzt / Zahnarzt.	Kailangan ko po ng doktor / dentista. [ka·**ilang**an koð poð nang dok**tor** / den**tis**ta]
Rufen Sie bitte einen Krankenwagen / die Polizei.	Pakitawag lamang po ng ambulansiya / pulis. [paki**ta**·uag **la**mang poð nang ambu**lans**ja / pu**lis**]
Wir hatten einen Unfall.	Nagkaaksidente po kami. [naka·aksi**den**te poð ka**mi**]
Wo ist das nächste Polizeirevier.	Saan po ang kasunod na presinto? [sa·**an** poð ang kasu**nod** na pre**ßin**to]
Ich bin bestohlen worden.	Ako po ay ninakawan. [a**koð** poð ai nina**kau**an]
Mein Auto / Fahrzeug ist aufgebrochen worden.	Ninakawan po ang aking auto / sasakyan. [nina**kau**an poð ang aking **au**to / saßak**jan**]

Essen und Trinken

Die Speisekarte, bitte.	Maari pong makita ang menu. [ma·**a**ri pong ma**ki**ta ang menu]
Brot	tinapay [ti**na**pai]
Kaffee	kape [ka**peð**]
Tee	tsa [tcha]
mit Milch / Zucker	na may gatas / asukal [na mai **ga**taß / a**ßu**kal]
Kalamansisaft	katas ng kalamanse [**ka**tas nang kala**man**ßə] kalamanse juice [kala**man**ßə dschuhß]
Mehr Kaffee, bitte.	Kape pa po. [ka**peð** pa poð]
Suppe	sopas [**so**pas]
Fisch	isda [iß**da**]
Meeresfrüchte	laman-dagat [**la**man**da**gat]
Fleisch	karne [**kar**ne]
Geflügel	karne ng manok o pato [**kar**ne nang ma**nok** o **pa**to]
Reis	kanin [**ka**nin]
Beilage(n)	karagdagan sa ulam [ka**rag**·da**gahn** sa **uh**lam]
vegetarische Gerichte	gulay-gulay ng pagkain [**gu**lai **gu**lai nang pa**ka**·in]
Eier	itlog [**it**log]
Salat	insalada [insa**la**da]
Dessert	minatamis [mi**na**tamis]
Obst	prutas [**pru**tas]
Eis	gelo [**je**lo]
Wein	vine / vino [**wain** / **wi**no]
weiß / rot / rosé	white / red / rosé [wait / räd / roh**seh**]
Bier	beer / serbesa [biə / ßer**bə**sa]
Wasser	tubig [**tuh**big]
Mineralwasser	mineral water [**mi**nerəl **woð**ter]
mit / ohne Kohlensäure	mayroon / walang gas [mairo·**on** / ua**lang** gass]
Limonade	limonada [limo**nah**da]
Frühstück	almusal [almu**ßal**]
Mittagessen	tanghalian [tangali**h**·an]
Abendessen	hapunan [ha**puh**nan]
eine Kleinigkeit	bagay na walang anuman [**ba**gai na ua**lang** a**nu**man]
Ich möchte bezahlen.	Maaari po bang magbayad [ma·a·**ah**ri poð bang mag**ba**jad]
Es war lecker.	Masarap. [maßarap]
Es war okay.	Okey lang. [ok**eh** lang]

Im Hotel

Ich suche ein gutes / nicht zu teures Hotel.	Kailangan ko ng maayos / hindi mahal na hotel. [ka·**ilang**an koð nang ma·**ah**jos / həin**di** ma**hal** na ho**tel**]
Ich habe ein Zimmer reserviert.	Nagpareserba ako ng kuwarto. [**nag**pare**ser**ba a**koð** nang ku**ar**to]
Ich suche ein Zimmer für ... Personen.	Kailangan ko ng kuwarto para sa ... katao. [ka·**ilang**an koð nang ku**ar**to **pa**ra sa ... ka**ta**·oð]
Mit Dusche und Toilette.	May paliguan at toilet. [mai pali**gu**·an at **toil**eət]
Mit Ventilator / Klimaanlage.	May fan / may aircondition. [mai fän / mai **är**kon]
Wieviel kostet das Zimmer pro Tag?	Magkano po ang kuwarto para sa isang araw? [ma**kah**no poð ang ku**ar**to **pa**ra sa i**ßang** a**rau**]
Mit Frühstück?	Kasama po ang almusal? [ka**ßa**ma po ang almu**ßal**]
Kann ich das Zimmer sehen?	Maaari pong makita ang kuwarto? [ma·a·**ah**ri pong ma**kih**ta ang ku**ar**to]
Haben Sie ein anderes Zimmer?	Mayroon po ba kayong ibang kuwarto? [mairo·**on** poð ba ka**jong** i**bang** kuarto]
Das Zimmer gefällt mir.	Nagustuhan ko po ang kuwarto. [nagustu**han** koð poð ang ku**ar**to].
Das Zimmer gefällt mir nicht.	Hindi ko po nagustuhan ang kuwarto. [həin**di** koð poð nagustu**han** ang ku**ar**to]
Kann ich mit Kreditkarte bezahlen?	Maaari po bang magbayad sa kreditkard? [ma·a·**ah**ri pð bang mag**ba**jad sa **kräh**ditkahd]
Können Sie das Gepäck in mein Zimmer bringen?	Maaari po bang pakidala ang maleta sa kuwarto? [ma·a·**ah**ri poð bang pa**kida**l**ah** ang ma**lä**ta sa ku**ar**to]
Es gibt kein (heißes) Wasser.	Walang (mainit na) tubig. [ualang (ma·**in**it na) **tuh**big]